档案信息资源开发与管理研究

王潜思　余敬基　王丽倩　著

吉林摄影出版社

·长春·

图书在版编目（CIP）数据

档案信息资源开发与管理研究/王潜思，余敬基，王丽倩著. --长春：吉林摄影出版社，2024. 7.
ISBN 978-7-5498-6274-0

Ⅰ. G272

中国国家版本馆 CIP 数据核字第 202454E8E8 号

档案信息资源开发与管理研究
DANGAN XINXI ZIYUAN KAIFA YU GUANLI YANJIU

著　　者：王潜思　余敬基　王丽倩
出 版 人：车　强
责任编辑：岳青霞
封面设计：豫燕川
开　　本：787mm×1092mm　1/16
字　　数：112 千字
印　　张：8
版　　次：2024 年 7 月第 1 版
印　　次：2024 年 7 月第 1 次印刷

出　　版：吉林摄影出版社
发　　行：吉林摄影出版社
地　　址：长春市净月高新技术产业开发区福祉大路 5788 号
　　　　　邮编：130118
电　　话：总编办：0431－81629821
　　　　　发行科：0431－81629829
印　　刷：北京银祥印刷有限公司

ISBN 978-7-5498-6274-0　　　　定　　价：65.00 元

前　言

　　档案管理学是中国档案学的基本学科之一，是档案学的"基干体"，对于档案学而言，档案管理学的重要地位毋庸置疑。当然，经过广大档案学理论工作者和档案教育工作者的研究，以及工作在档案管理第一线的实际工作者的共同努力，档案管理学取得了长足的发展，其研究所涉及的范围不断拓宽，档案管理学研究的内容逐步深化。取得成绩的同时，我们也应清醒地看到，档案管理学还存在着不少问题，需要细化、完善。

　　随着科技与信息技术的飞速发展，信息资源已经实现了数字化存储，尤其是在信息化时代，档案由纸质信息转化为数字信息已成为档案管理的重要工作内容。相较于纸质存储信息，数字化信息无论是在查询读取上还是在保存上都有着不可比拟的优势，因此实现档案信息化是档案管理的必由之路。加快档案信息化建设是我国信息化建设的重要内容之一，也是加强档案规范管理工作，实现档案管理科学化，实现档案信息社会化服务的要求，为此各部门应加大档案信息化建设的资金投入，完善档案信息化建设的基础设备，加快建立档案数据库和数字档案室的步伐。

　　由于作者水平有限，加之成书时间仓促，难免有不妥之处。衷心希望专家、同行和读者不吝赐教，以求使本书得到不断的完善。

前　言

目　录

第一章　档案信息资源开发概述

第一节　档案信息资源开发价值与原则

一、档案信息资源开发

当今信息时代，信息成为一种资源已是人们的共识，开发作为社会记忆工具的档案的信息资源为社会服务，已成为档案部门的中心任务。档案信息资源开发，就是档案部门根据社会需要采用专业方法和现代化技术，发掘、采集、加工、存储、传输所收藏档案中的有用信息，方便利用者利用，以实现档案的价值和作用。

这一概念，包含以下内容：

第一，档案信息资源开发主体是档案管理部门及其工作人员。

第二，档案信息资源开发的对象是指经过条理化、系统化并保存起来的馆（室）藏档案，档案实体的有序化和科学管理，为档案信息资源开发奠定了良好的基础。

第三，开发档案信息要采用专业方法与现代化技术相结合的方式，我们既要与时俱进，采用现代化技术手段，对档案信息进行采集、加工、存储和传输，又要对传统的、专业的开发档案信息资源的方法，予以继承和发扬，并将二者有机地结合起来。

第四，档案管理部门和档案工作人员（主体）对馆（室）藏档案（客体）中的有用信息进行浅加工和深加工。所谓浅加工是指对档案进行著录、标引，建立检索系统，将档案信息存储在一定载体上，即档案信息的检索工作；所谓深加工是指根据社会需求，将庞杂的档案信息进行系统化、有序化，制成档案产品（人们称之为编辑史料），编写参考资料，参加编史修志，撰写文章和著作（档案界概括为档案的编研工作）。

第五，档案馆收藏的是处于静态的档案信息，经过档案工作人员的采集、加工、存储后，需要正常输出传递给利用者，以满足社会的需要，这一过程被称为档案信息传输工作。

上述定义使我们认识到，档案的收集、整理、保管、鉴定、统计等环节是对档案实体进行科学管理，为档案信息资源开发提供相应保障，没有这些工作环节的支持，就谈不上档案信息资源的开发，但这些环节不宜包含在"开发"之中。档案的检索与编研是发掘档案中有用信息的浅加工和深加工，是档案信息资源开发的主要部分，但还不是全部，从整体（或广义）上说，还应包括信息的传输。因为通过信息传输，才能使档案信息由"潜在"成为"活化"，实现服务社会、指导实践的功能。信息传输在一定程度上与利用服务存在一定的交错。档案信息资源开发与档案实体管理和利用服务诸环节既平行又交错，这或许是对档案信息资源开发的含义认识长期不能取得一致的原因。实际上，档案管理整个过程就是：首先把档案收集起来，将它整理有序，再科学地保管好，在此基础上才有可能发掘档案中的有用信息进行分析研究，并按社会需求进行加工、处理，形成档案信息产品，最后提供给利用者，为社会进行信息服务。如果把档案管理的整个过程按其先后顺序划分为实体管理（或称收藏、整理、鉴定、保管、统计）、资源开发（包括编目与检索、编辑与研究）与利用服务（包括各种方式的利用工作）三个阶段，或者实体管理和资源开发与利用服务两个阶段，就可能有助于对档案信息资源开发问题的理解认识，更有利于开发工作的具体实践。

二、档案信息资源开发的原则

（一）资源为王原则

根据《中华人民共和国档案法》规定，机关档案室是保管本单位档案的内部机构，档案馆是永久保管档案史料的基地，是通过提供档案为社会服务的中心。档案馆（室）性质决定了档案信息资源开发必须以所收藏档案为基础，因馆（室）制宜，扬长避短，突出馆（室）藏特色，做好开发工作。只有各级、各类档案馆（室）从本身的实际出发大力丰富馆（室）藏，最大限度地发挥馆（室）藏优势，坚持馆（室）藏基础原则，才能对档案信息资源开发以至档案事业的发展起到推动作用。实践表明，只有依托丰富的档案资源，才能切实提高档案信息资源开发的整体水平。

（二）信息组织原则

档案信息资源开发的首要工作是使档案信息资源结构有序化。简单地讲，就是为利用者利用档案信息建立查找入口处，并把这些入口处集中在一起，架起一座档案信息与利用者之间沟通的桥梁，这就是通常说的建立检索系统——目录、索引、数据库。档案信息实现有序化，是开发档案信息的基础和前提。因为有用的档案信息蕴藏于数以亿计的档案案卷（件）之中，处于分散、杂乱、不系统、不集中的状态。这些原始的档案信息经过采集和加工处理，变成集中、系统而有序的信息，为档案信息的充分利用创造条件。档案馆（室）在档案信息资源开发过程中，投入大量人力、物力，采用各种处理手段和工作方法，都是为了实现档案信息被利用程度和实现档案价值的程度。对于广大利用者，若能在利用档案信息时具备有序化的查寻思维，大体了解档案馆（室）对档案信息有序化的概貌，将能大大提高利用档案信息的效果。

第二节　档案信息资源开发的规律与服务

随着信息时代的发展，用户由初始的大众化向小众化趋势演变。用户个性化色彩越来越明显，当今无论哪个服务性行业，都必须遵循这一特点来开展自己的工作。这就要求，档案信息资源开发工作要想取得成效，不仅需要档案信息资源开发主体本身具有较高的业务素质，还需要其具有较强的社会意识，不能敝帚自珍，必须主动了解用户的利用需求，采取多种措施提高用户的档案意识，积极主动为用户提供服务，更大程度地发挥档案信息资源的价值。

用户是档案信息及其服务的使用者。用户作为档案信息开发服务的对象始终处于中心位置。用户的基本状况和要求不仅决定了档案信息资源开发的方式和信息服务的内容，而且决定了档案信息开发服务工作的机制和模式。在局部上，某一部门的档案用户需求决定了该部门档案信息开发与服务的内容；整体上，一个国家各种类型和层次的档案用户及其信息利用需求，在全局上决定了整个国家档案信息开发服务业的总体规模、原则和要求。

一、研究用户档案信息需求规律

档案信息与用户存在着一一对应的关系。可以说，每个人无论从事何种类型的工作、属于何种职业，都会产生档案信息资源利用的问题，只是对档案信息资源需求的程度有着强弱的区别。因此，档案信息资源开发主体必须对其受众即档案用户进行研究，研究档案用户的关键在于分析档案用户的信息需求，探讨档案用户的需求心理，继而把握档案用户信息需求的内在规律，全面掌握用户信息需求的情况，从而有目的、有针对性地开发档案信息资源，真正体现出"以人为本"的档案信息资源开发理念。用户的职业属性、个体能力及个人爱好都会对其利用需求产生直接影响，而社会政治环境、自然环境等外在因素也会间接影响用户的档案信息需求。因此，档案信息资源开发主体必须在分析用户档案信息需求的基础上，厘清用户的档案信息需求规律，从而指导自身的档案信息开发行为。

（一）易用性规律

一般情况下，用户在利用档案信息资源时倾向于简便、迅速地利用行为。如果利用档案信息资源对用户来讲过于麻烦，那么对用户的档案信息需求将起到极大的抑制作用。如果档案馆开发出来的档案检索工具难以使用，档案信息数据库利用不便，档案信息编研产品不易阅读利用，那么这样的档案信息开发产品很难获得用户的好感，更无法得到较好利用。

（二）效用性规律

用户对档案信息资源的利用通常有种预期，即利用的档案信息资源能够对自己所需问题的解决起到作用。不同类型的用户对档案信息的价值期望各有不同，例如，研究学者希望获得的档案信息具有真实性、全面性，他们更多地希望利用档案原件来为自己的学术研究提供最真实的历史依据；企业科研人员则更关注档案信息是否具有新颖性、真实性、可操作性，能否为企业的产品创新带来价值；而普通的百姓更关注档案信息的新奇性、趣味性、方便性。无论用户对档案信息的期望究竟为何，但共同的一点是，所有用户都希望档案信息能够满足自己的利用需求，给自己带来某种作用价值。如果档案信息开发人员开发出来的档案信息产品不能满足用户的这一利用心理规律－效用性规律，那么这样的档案信息开发产品是失败的。

（三）阶段性、动态性规律

用户对档案信息的需求不是一成不变的，不同用户的档案信息需求不同，同一用户的档案信息需求也具有阶段性和动态性。用户在工作的不同阶段会相应地对档案信息需求呈现阶段性特点，如科研人员平时的档案信息需求、研究一个项目时的档案信息需求和完成研究时的档案信息需求都不同，必须要注意用户档案信息需求的阶段性规律。另外，用户的知识结构也在不断变化，随着用户不断吸收新的知识，用户对档案信息需求的内容和质量也发生了变化，在档案信息资源的开发服务过程中，必须注意用户档案信息需求的动态性规律，使提供的服务与用户的知识结构相适应

（四）"马太效应"规律

档案用户的"马太效应"日趋明显。对于为数不多的档案用户而

言，由于其素质比较高，又具备较有利的物质经济、自然条件，对档案信息资源的利用率比较高，利用效果比较好，但随着时间的推移，这部分用户的优势积累越发明显，档案信息需求量将逐渐高于其他用户；而另一部分用户，由于不具备有利的物质经济及自然条件，个人档案信息能力也处于劣势，那么他们的档案信息需求会越来越小，势必会影响他们对信息资源的利用。这就是用户档案信息需求中的"马太效应"规律。研究用户档案信息需求中的"马太效应"现象，有助于档案信息服务人员实施不同的策略开展档案信息服务。

在档案信息资源的开发与服务过程中，档案信息资源开发服务人员必须考虑用户的心理因素，要从用户角度来思考问题，规划档案信息资源的开发战略，设计具体的档案信息资源开发方案，并针对用户的独特心理来开展相应的档案信息服务。

二、开展个性化档案信息服务

（一）建立完整的档案信息资源体系

个性化档案信息开发服务要求从用户的档案信息需求出发，充分调查与捕捉用户个性化的档案信息需求，构建整合各种载体和各种档案信息资源类型的档案信息资源体系。在档案信息资源整合中，不能再用资源重复、分散建设的方法，应该在档案部门组织机构、档案设备、档案信息技术标准等方面摸索出一条能真正促进档案信息资源共享的道路，这就需要在管理方面加大力度，确定不同档案部门合作实现档案信息资源与技术共享的方案。各档案机构也应进行相应的体制变革，打破原有的隶属关系，消除因体制等原因而人为地造成档案信息资源分散保存、相互隔离的信息孤岛现状。

（二）建立档案信息资源组织的标准规范

基于个性化的档案信息开发服务需要建立和遵循关于档案信息资源描述、组织、资源服务等方面的标准与规范，才能保证所建立的档案信息资源体系的可使用性、可操作性和可持续性。可使用性，指所建立的档案信息资源体系因技术标准统一，能够在复杂的技术环境下被用户方便地利用。可操作性，指所建立的档案信息资源体系能够大范围地共享，即使因物理原因分隔，但由于技术标准与规范统一，也不会影响档案信息开发服务人员对档案信息进行重组、整合等操作，为用户提供档案信息服务。可持续性指所建立的档案信息资源体系因技术标准统一，具有技术兼容性，因此，能够在变化的技术与运行机制下长期保存和使用，能够保证在未来的服务环境下为档案信息开发人员提供服务。

(三) 整合档案信息资源

满足以"用户为中心"的档案信息个性化需求，要求从有效、可靠、可持续地提供和保障用户所需档案信息服务的角度出发，积极整合档案资源，配置相应的管理和服务技术。在基于个性化的档案信息开发服务过程中应准确反映用户需求，保障用户参与档案信息开发与服务的过程，在档案信息资源开发时，要注意将被动的档案信息开发方式转换为主动的档案信息开发方式，加大应用档案开发的力度；将档案用户上门索取档案信息的服务方式转变为主动地为用户提供相关的档案信息，进行定期、追踪式的档案信息服务，并在档案数据库、档案网站、数字档案馆上提供方便用户的各项功能和档案信息导航，以优质的服务吸引用户。

(四) 实现档案信息资源的跨系统、跨层次、跨地域的无缝链接

在个性化的档案信息开发服务中，必须建立系统、完整的档案信息资源，实现档案信息资源的共享。传统时期，因部门、地域的限制，档案信息资源共享实现程度比较低，大大限制了档案信息资源开发人员针对用户提供个性化档案信息开发服务的范围、内容及程度。信息技术的大力发展为档案信息资源的高度共享提供了实践上的可行性。为此应充分利用已有的信息技术，走开放性档案信息资源的整合道路，加强各档案馆之间的合作。目前，我国各档案馆信息资源开发存在的一大弊端就

在于彼此的资源不能实现共享。档案信息资源的共享意味着要统一标准，合作建设，这是我们长期以来追求的目标。各档案馆要通力合作，通过建立档案网站、数字档案馆等，实现档案信息资源的跨系统、跨层次、跨地域的无缝链接，建立档案馆内部馆藏资源与外部档案资源相互协调的机制，为个性化档案信息开发服务奠定坚实的资源基础。

个性化档案信息开发服务是以档案信息资源的整合为前提，强调的是档案馆面向用户开发档案信息资源，提供各种档案信息服务的集成，基本模式主要包括互动式档案信息开发服务、个性化档案咨询服务、建立档案知识数据库和档案信息定制服务等，为了保证个性化档案信息服务更好地开展，档案信息资源开发需要建立全面的档案用户数据库，保护好用户的个人隐私权，及时和用户进行用后信息反馈，建立相应的测评机制，对用户进行利用指导，帮助用户将档案信息需求转化为实际的利用成果。

第三节　档案信息资源开发与利用的现状与策略

一、档案信息资源开发与利用的现状

（一）档案信息资源开发与利用的含义

档案信息资源的开发与利用就是在档案工作领域运用现代信息技术采集处理、传递和使用信息资源，提升档案工作质量的过程。开发的任务是生成有用信息，通过信息的生产确保信息的供给。利用是实现信息的价值，确保信息能够在各项活动中发挥作用，形成效益。可以说，档案信息资源开发是基础，利用是目的，两者互为因果，相辅相成。

（二）移动互联网环境下档案信息资源开发与利用的特征

在移动互联网环境下，档案信息资源开发与利用有了一些新的特征，把握变化才能更好地适应这一环境。

1.　获取档案信息资源的途径增多

传统获取档案信息资源途径主要包括到馆获取、从档案编研成果中获取、访问档案网站获取。在移动互联网环境下，档案获取途径变得更加丰富，微信微博、手机 APP 等多种途径可供选择。在这些社交媒体的帮助下档案走进了千家万户。

2.　时间上的碎片化

由空间的移动性导致了档案信息资源利用时间的碎片化。这一特点不仅要求档案信息资源可被随时访问到，还对档案信息资源开发者提出了新的要求。在移动互联网环境下，人们已经进入"读图时代"，档案信息资源展示形式应该与时俱进，图片、小视频是当前很受欢迎的形式。另外，阅读时间碎片化对档案信息资源的内容也产生了一定的影响，人们更加倾向于简单娱乐性的内容。因此，档案信息资源开发者应该把握住移动互联网环境下的新特点提供用户需要的内容。

3.　空间上的移动性

移动环境指的是人或物处在不断变化的空间环境中。一方面，这一特点为档案利用提供了便捷，用户获取和利用档案信息的空间自由度更大。另一方面，这一特点也对档案利用工作提出了挑战：移动空间环境中的干扰因素增加，用户对档案信息的利用呈现碎片化趋势，对档案信息的质量要求更高，移动环境对无线网络、信息传输等的技术要求也更高。

4.　用户主导档案信息资源开发

在移动互联网环境下，网民的"话语权"得到增强，更加有利于表达自身诉求。传统的由"档案馆"主导的档案信息资源开发逐渐向用户主导转变，一些类似于"我需要的档案信息"的调查活动使用户加入档案信息资源开发的"选题""选材""编辑"，甚至是宣传推广中。利用者也是开发者，使档案信息资源利用率得以提升。

5.　档案信息资源利用的深度增加

在移动互联网环境下，档案信息资源的利用从简单的"实物利用"

向"知识利用"转变。档案的凭证性作用依然重要，但是在移动互联网环境下人们参考档案指导实践活动、利用档案信息进行创作、通过档案回忆历史的例子随处可见。档案信息资源开发利用程度加深。

二、档案信息资源开发与利用的策略移动互联网环境下的档案

信息资源的开发与利用必然要经过功能定位、选题、选材、编辑、公布、推广这几个环节。下面主要针对这几个环节提出相应的策略。

（一）科学定位，明确服务内容

下面从移动互联网环境下档案馆档案信息资源利用功能的服务对象和该定位所决定的服务内容两方面进行策略分析。

1. 大数据思维锁定主要用户群

科学定位首先要解决"为谁服务"的问题。在移动互联网环境下，档案利用者的范围与数量总体在增加。这些利用者大致可以分为两类：一类是原有的档案利用者，这些人在传统环境下就是档案信息资源的利用者；另一类是在移动互联网环境下新产生的利用者，这些人主要通过微博、微信等社交媒体浏览档案信息。我们需要通过分析这些利用者的特点来确定档案信息资源开发与利用的定位。

对档案信息资源开发和利用而言，我们也可以利用大数据思维找到较为精准的利用者。对原有档案利用者，我们可以利用"档案利用登记表""档案网站统计"收集到的数据分析利用者的共同特征，预测潜在的档案利用者如对职业、学历、单位等方面的预测。对于移动互联网环境下的新利用者我们可以对微信、微博等微媒体产生的数据进行分析，进而预测他们的特征。

2. 精确设置服务内容

第一，移动互联网环境下档案信息资源的开发与利用必须体现出档案信息的资源优势。档案相较于其他信息，具有高度的可靠性，因此档案信息的真实性是我们的优势。

第二，开发对用户有价值的信息，通过调查统计将开发内容的决定权交给利用者，我们可以在微博上展开类似于"你最需要的档案"的讨论，调查利用者需要的内容。

第三，发布有趣的内容，人们总是对秘密的事更感兴趣，我们可以开发那些大多数人都有兴趣的档案信息。

第四，推出"民生档案"，它们与我们息息相关，许多"老城记忆"类的档案信息不仅阅读量高还引发许多民众参与互动。

第五，反映热点的内容，紧跟社会热点不仅会吸引利用者的目光，而且会增加利用者转发的可能性，增强用户推广的欲望。

（二）精心选择表现形式

在移动互联网时代，人们对信息的要求更高，引人入胜的标题、简约友好的界面让档案信息资源的利用更有优势。

1. 引人入胜的标题

在移动互联网时代，大量的信息充斥在人们的生活中，拟好标题是做好编辑的第一步。

2. 简约友好的界面

在移动互联网环境下，发展简约友好的界面是优质服务所不可或缺的。以微信档案公众号为例，一般设有两级菜单，一级菜单下设二级菜单，一般为3～4个，要求菜单名称通俗易懂。另外，菜单总体应该尽可能覆盖利用者需要的功能，但又不可太过复杂，影响利用。

（三）合理选择传播途径

目前，移动互联网环境下的档案信息资源传播途径众多，我们要加强顶层设计，运用互联思维使这些传播方式优势互补，通过整体效益实现利用目标。首先我们需要分析用户实现利用的所需的全部功能。从档案完成到用户实现利用，主要经过了发布－检索－利用－利用情况反馈几个环节，因此各种服务方式总体上必须实现发布、检索、阅读、反馈四项必要功能以及包含在四个环节中的基础性的咨询功能。

总之，移动互联网环境下档案信息资源的开发和利用是传统档案信息资源开发利用的延伸和补充，是目前档案工作的新领域。技术的发展带动档案信息资源利用需求和利用形式的变化，在当今移动互联网环境下，挖掘档案信息资源，开发档案信息成果，依托移动互联技术分析各项服务方式的特点并将其对档案信息资源开发利用的价值最大化的发挥，是档案馆顺应时代发展、更好地服务社会实现转型的必由之路！

第二章 多视角下的档案信息管理与服务

在当今社会，网络已成为人们日常生活不可或缺的一部分。在日新月异的网络环境中，人们已经习惯和熟悉通过网络来获取自己信息资源。网络以其方便快捷，资源广泛，免费利用等种种优势成为当今时代人们青睐地获取信息的最佳方式。本章围绕档案社会化服务的价值取向、新媒体环境下的档案信息服务、大数据环境下的档案管理与服务、基于物联网技术的档案服务创新体系展开研究。

第一节 档案社会化服务的价值取向

档案价值观念就是人们在档案社会化服务专业领域内所持的信念、信仰，具体说来，就是档案社会化服务既要符合档案基本价值取向，又要结合其自身特色，探索其专业发展的新取向。社会化价值观念即档案社会化服务在面向社会提供服务过程中体现在社会层面的理想价值系统，它理应对社会各方面产生积极有益的影响。服务价值观念是指档案社会化服务作为新兴服务行业，其科学发展要遵循服务业基本规律和档案服务特殊规律。在此基础上，可归纳并升华档案社会化服务宏观层面的发展趋向。因此，可将档案社会化服务的价值取向分解成四个维度进行论述，即专业取向、社会取向、科学取向和发展取向。这四个维度具有递进的特征。

一、档案社会化服务价值概述

价值取向具有普遍性的特征，它贯穿于人类认识世界和改造世界的各种实践活动之中，包括政治、经济、文化活动等。价值取向不仅对个体活动中的价值选择产生影响，对社会共同体的活动也有重要的导向作用。此处，主要探讨价值取向对社会主体活动，即档案社会化服务的影响问题。

第一，价值取向促进社会活动的规范性。价值取向具有一定的稳定性，一旦明确下来，它将影响社会主体的价值评价、价值选择和价值创造等活动，在一定程度上对社会活动进行规范。社会是由无数个体组成的，个体的价值取向汇聚融合成整个社会层面的价值取向；同时，整个社会的价值取向也反过来规范个体的价值取向，使其趋于一致。法律、规章、制度等都具有规范社会活动的作用，但其依靠一定的强制手段来维护其权威性，如违反法律，则必然受到惩罚。与此不同，价值取向的规范作用没有前者如此高的威慑性，其规范作用主要依靠文化氛围的引导和价值观念的传递，因此更加能渗透到社会生活的方方面面，涵盖法律、规章、制度不曾覆盖的部分，具有更大的包容性。

第二，价值取向引导社会活动的方向。人们所进行的各种实践活动都有一定方向，价值取向对方向的选择产生一定的引导作用。而这种定向作用的实现主要依靠个体对社会价值理念的认同，将之内化为个体自身的价值取向，引导个体行为的方向。只有科学、合理的价值取向才能获得社会各界的认同，正确引导社会活动的方向，产生有益的影响；否则，偏离正轨的价值观念将导致错误行为，造成恶劣的后果。

第三，价值取向驱动社会活动的发展。价值取向具有社会规范和社会定向功能，在此基础上，它还从宏观层面上推动社会的前进与发展。人们认识世界与改造世界是持续前进的过程，在这个过程中，旧事物不断消亡，新事物不断产生，人们的价值观念也在不断发生变化，过时、落后的部分遭到淘汰，而正确、核心的观念被保留下来并与时俱进，不断发展，引导人们进行正确的价值评价与选择，引导人们正确的行为实践，驱动社会活动的蓬勃发展。

价值取向作为社会活动正常进行以及向前发展的一种无形的力量，在潜移默化中影响着社会生活的方方面面，从对个体行为的影响波及对整个群体行为的影响，从而将整个社会紧紧凝聚为一个团体，在这个范围内每个个体受其规范，以其为方向，最后顺从其趋势实现发展，在某种程度上具有相同的价值目标。在社会化服务的过程中，社会群体在一个共同的价值取向的引领下，基于各自专业的分工，为社会的发展提供服务。在此过程中，价值取向扮演着一个具有高度指导意义的角色。

二、档案社会化服务的专业取向

(一) 安全保密的档案服务

安全保密的专业取向是立足档案本质属性提出来的[①]。档案是人类活动的原始历史记录，这是档案的核心特点和本质属性。档案社会化服务只有满足档案管理安全保密的需求，才能维护档案的原始性，发挥档案的凭证价值和参考价值，这是建立在档案本质属性上的基本要求。作为一项专业化服务，档案社会化服务既要符合档案管理的各项基本理论原则，包括来源原则、文件生命周期理论等；在此基础上，还要体现出专业优势，首要的就是保障档案的安全与保密，这是提供可靠服务的首要条件。安全保密的档案服务，是指保障档案载体和系统的安全性，维护档案的长期可读性，同时保障档案信息内容不被泄露。作为社会活动的真实记录，档案中蕴含着重要的信息，不乏机密内容，大多数单位的档案是对外保密的。档案社会化服务机构只有确保档案安全、保密，才能得到客户的信任和满意，维护自身的持续发展。具体说来，安全保密的档案服务有以下几点要求。

1. 档案载体的安全保存

这里的档案载体不仅有纸张，还包括磁带、胶卷以及电子文件新型载体，如磁盘、光盘等。档案社会化服务机构应建立符合档案库房建设规范的标准化库房，配备相应的恒温、恒湿设施，保障档案载体不受外界影响，拥有良好的保存条件。此外，还应通过保管制度的建立与实

---

① 杨学锋. 现代化档案管理与服务研究 [M]. 北京：中国商务出版社，2018.

施，明确管理人员责任，提高其保管和保护意识。

综观档案社会化服务机构提供的服务内容，主要可分为传统型和现代型两大类。其中传统型以档案寄存、代管、整理和档案用品销售为主，国内多数文档服务中心属此类，例如北京市档案事业服务中心、深圳市文档服务中心等；而现代型以档案管理软件开发、档案信息化系统研发、档案管理咨询等服务为主。

总的来说，档案寄存和管理仍然是当前档案社会化服务的重要服务项目。因此，做到档案载体的安全保存，是对档案社会化服务机构专业方面的基本要求。此外，在互联网时代，越来越多的档案不再需要任何形式的物质载体，而是通过"云存储""网络磁盘"等诸如此类的虚拟存储介质进行存储，这些虚拟档案的安全保存同样具有现实意义。

2. 档案管理系统的安全防范

随着信息化建设的逐步深入，数字档案管理系统已成为有效管理档案的重要工具。档案管理系统在给人们带来高效与便利的同时，由于各种内外因素（管理疏忽、系统缺陷、技术漏洞、黑客攻击、网络病毒等）的干扰，也增加了档案管理的安全隐患。因此，档案社会化服务机构应在系统开发到投入使用、维护的整个生命周期内，做好系统的安全防范工作，防止非法侵入和篡改计算机系统数据，维护档案数据的完整和安全，确保系统正常运行，不因系统故障导致档案信息丢失或档案工作中断等不良后果。

3. 档案信息内容的保密

档案的机密性要求档案信息必须处在可控的监管环境下，确保信息内容的安全性。这一要求不仅体现在寄存上，也体现在档案管理系统开发、运行上，要通过一定技术手段明确不同文件的阅读权限、安全级别，实现可控可追踪的管理。只有做到信息内容安全保密，才能使档案社会化服务更具有安全性、权威性，满足社会多变的动态档案需求。

（二）高效优质的档案服务

高效优质的专业取向探讨的是如何从专业的角度体现档案社会化服

务的高效与优质。其中高效指的是档案社会化服务的高效益和高效率；优质指的是服务取得良好的满意度，满足专业需求。档案社会化服务集中了优势资源，如集约化的档案库房、高素质的档案人才等，采用快捷有效的工作方式来确保工作效率。注重高效率的同时，还注重服务质量，确保各项工作按时按需完成，令用户满意。

1. 高效益与高效率的档案服务

高效的档案社会化服务是指通过提供劳动产品取得较好的效果和利益，主要是指经济效益，即以同等的劳动耗费取得更多的经营效益。档案社会化服务从专业分工角度出发，定位市场，发挥其规模效应，从而取得较高的效益。而效率指的是单位时间内完成的工作量，也即有效地利用资源以满足需要，对于档案社会化服务而言，效率的提高不仅仅针对其自身，同时也适用于客户。档案社会化服务通过为客户提供高效服务，节省用户时间成本和经济成本，协助客户提高工作的效率。

档案社会化服务作为适应市场需求而产生的新兴产物，必须要走高效益的生产方式，才能获得市场认可。社会化服务在其他领域，如后勤管理、农业生产、审计服务中已有较好的发展，并且体现了高效益的优势。

档案社会化服务的高效率，如前所述，包括自身的高效率和提高客户工作效率两个方面，这两方面的效率提高是相辅相成的。通过对社会资源的合理利用，在提高自身工作效率的同时，也为客户提供优质高效的服务，解决客户困扰，提高客户的工作效率。

2. 优质的档案服务

优质的档案服务是指为客户提供满足专业需求和用户期许的档案服务，从而取得良好的客户满意度。服务作为一种劳动形式，不同于产品，有量化的质量衡量标准，对服务质量的评估，多以客户为导向，以符合客户期望值的高低作为服务质量评估的标准。

结合服务管理思想和档案专业特色，将档案社会化服务质量分解为沟通质量、技术质量、感情质量和关系质量。

第一，沟通质量是指服务提供方对客户需求的分析和理解。档案社会化服务机构要通过对客户的观察和调研，明确客户的显性需求，挖掘客户的隐性需求，再根据现有技术水平和实际状况，规范需求，使其科学化。沟通质量是确保服务优质的前提条件，是进行档案服务的先行环节。

第二，技术质量是指档案服务过程和结果的质量。服务不同于产品，具有过程性，并且客户会参与服务过程，因此对技术质量的衡量不仅包括对服务结果的衡量，也包括对服务过程的测评。对服务过程的评价集中在档案服务效率上，即能否迅速对客户需求做出反应，给出解决方案并迅速执行。快捷、有效的服务是档案社会化服务吸引客户、建立客户忠诚的必经之路。技术质量是优质服务的本质需求，是工作流程的核心。

第三，感情质量是指对客户的服务态度以及规范、礼貌的服务行为，这是赢得客户好感的重要因素。为提高感情质量，档案社会化服务机构应更加重视人员培训与建设，建立高素质的人才队伍，同时规范员工的行为举止。

第四，关系质量是指客户对服务机构及人员的信任程度，以及对服务的满意度。关系质量是建立在以上三种质量基础之上的综合质量，是客户判定服务质量的最终结果。只有确保沟通质量、技术质量和感情质量，才能提高关系质量，使客户满意。

（三）合法合规的档案服务

档案社会化服务不仅要遵从档案领域内的法律法规，同时也要遵从社会化领域内的细化的法律和相关制度规范。具体说来，合法合规的专业取向要求档案社会化服务符合三个层次的法律法规——国际组织法规、国家法律法规以及行业法规，方可实现文件档案的合法管理和利用。合法合规的专业取向一方面能规范档案社会化服务机构自身的工作流程，竖立在行业内的权威性；另一方面能帮助客户做到合法合规，优化客户经营管理流程，实现双赢。

三、档案社会化服务的社会取向

(一) 基于社会分工的档案服务

所谓社会分工是指超越一个经济单位的社会范围内的生产分工。也就是说，不再是局限于某个企业或行政区域内的分工，而是指全社会范围内的社会分工。基于社会分工而产生的档案社会化服务主要存在以下特点。

(1) 服务范围扩大至全社会。服务范围从本单位扩大至全社会，是档案社会化服务区别于一般档案室、档案馆服务的重要特点之一。传统形式的档案服务主要基于一个单位内部，如单位档案室、企业档案馆等，负责收集、保管机构内部产生的档案，仅面向机构内部进行服务。而档案社会化服务不同于一般的档案服务，它超越了机构内部，面向社会不同行业、不同领域提供服务。服务面的扩大，对档案社会化服务机构和人员提出了更高的要求，他们要具备更全面的专业知识，了解不同行业档案工作的特点，有针对性地提供服务。

(2) 服务工作效率大幅提高。档案社会化服务是遵循社会发展、专业分工的原则而产生的，这种分工的有利之处在于集中了优势资源，包括人力资源、物质资源等，极大地缩短了劳动时间，提高了劳动的效率。

(3) 推动产业结构的演进。整个社会经济是由不同产业相互作用而推动发展的。社会分工的逐渐细化，推动档案社会化服务等新兴服务业的产生，促进产业结构的变化与调整，社会资源得到更加充分的利用。现代服务业的蓬勃发展，促进了产业结构由低级到高级，由失衡到基本合理的演进，推动社会经济更好、更快的增长。

(二) 体现规模效益的档案服务

档案社会化服务机构拥有优质的人力、物力，相对于单位内部的档案管理机构而言，其生产规模更大，专业化程度更高，因而使档案管理成本降低，产生规模效益。这种规模效益为不同类型的客户带来收益。

档案社会化服务是面向社会服务的，社会是由人组成的集合。微观上，个人是组成社会的细胞；宏观上，社会成员通过发展组织关系而形成各种团体，包括企事业单位、政府机构，以及社会团体等组织形式。具体说来，体现规模效益要求档案社会化服务做好个人档案的收集和保管，促进企事业单位文件档案管量的提高，精简政府职能，促进政府转型，并在此基础上，推动宏观层面社会记忆的维护与延续。

四、档案社会化服务的科学取向

（一）技术、知识要素主导的档案服务

在现代服务业中，存在着要素依赖的演进规律，指的是服务业在发展过程中逐步深化，所依赖的要素逐渐演变与升级，这是现代服务业所具有的一般性规律。在档案社会化服务行业中，也存在这一规律，其发展所依赖的要素同样存在逐步升级的现象。具体从纵向维度来看，不同时期档案社会化服务发展所依赖的生产要素，存在着从劳动、资本依赖向技术、知识要素依赖逐渐转变的现象，这是档案社会化服务在时间轴上遵循的重要科学规律。

1. 起步阶段依赖劳动和资本的投入

纵观国内外档案社会化服务的发展，其起步阶段，在产业发展上都较多依赖劳动和资本的投入，以获得产出和收益。早期的档案社会化服务，服务项目相对较少，服务内容较简单，以文件档案的运输、寄存代管为主。

在我国，档案社会化服务起步较晚。20 世纪 90 年代初，浙江建德、湖州市分别成立了档案事务所，为本地机关、企事业单位代办档案事务，揭开了我国档案社会化服务发展的序幕。我国档案中介机构成立之初承接的服务项目包括编目、立卷、档案评估等基础工作，适用于当地一些规模小、人手不足，缺乏档案管理人员的企业。这一阶段档案中介机构针对不具备存放条件的单位，提供以档案馆为标准的寄存库房，为其代管档案。

综上所述，这一时期档案社会化服务在产业发展上呈现出的主要特点在于：

第一，服务项目较简单，规模化程度低，专业、技术含量低。起步阶段，档案社会化服务机构提供的服务多为文件整理、搬运以及立卷、归档等工作，专业含量较低，对服务人员的知识储备要求不高，只要具备简单劳动能力的人便可胜任。

第二，档案社会化服务机构规模较小，用户数量少，资金较欠缺。在起步阶段，档案社会化服务机构的服务区域多限于本地区，客户数量较少，没有出现跨地区、跨国家经营的现象。

2. 从劳动、资本转向对技术、知识要素的依赖

如今，国内外档案社会化服务机构都在原有传统文件档案管理服务的基础上新增了电子文件管理、数据销毁与恢复、培训、档案管理系统研发、软件升级等服务项目。这些新增服务项目都是顺应信息时代潮流，应对档案管理新需求而产生的，反映了市场对于档案社会化服务提出的新要求。据此，笔者推断档案社会化服务机构为适应市场需求而采取的业务发展策略存在两种趋向：

第一，增加电子文件管理、系统开发等服务，重视与技术发展同步，加快档案信息化发展进程。以 GRM 为例，其提供的数据保护、音频视频归档、远程数据存储等服务项目都需要多媒体存储技术、信息安全技术等现代化技术手段的支持。这一时期，技术作为生产要素的重要性逐渐被认识。

第二，档案培训、咨询以及信息化服务项目等对专业知识的要求越来越高，需要具有更高素质的专业人才。知识的运用是技术进步和经济发展的重要前提，档案社会化服务要顺应科技发展潮流，适应市场需求，就必须扩大知识型劳动者在员工结构中所占的比例。知识作为主导档案社会化服务发展的主要依赖是基于客户需求的变化，从传统的文件搬运、整理、保管向更高要求的数字化建设、知识管理转移。

通过以上对于档案社会化服务起步和发展阶段依赖要素的研究和分

析，可以看出主导生产要素存在着劳动、资本向技术、知识演化的规律，技术和知识逐渐成为促进其产业发展的重要因素。从最初的依赖劳动力和产品设备等的投入，到现在依赖技术支持和知识的进步，显示了档案社会化服务正在逐渐走向科学发展的轨道。要素依赖的演进规律说明，现阶段知识是保证档案社会化服务科学发展的核心要素，这是由现代服务业发展的客观规律所决定的，因此要在管理机制上重视对专业人才的培养以及人才的合理利用，制定具有前瞻性的人才培养方案和管理制度，发挥知识要素在促进档案社会化服务发展过程中的重要作用。

（二）多元化、专业化并重的档案服务

从横向发展来看，同一时期，档案社会化服务机构在业务发展上存在着两种倾向，一种是提供多元化服务，另一种则是提供专业化服务。所谓多元化服务，指的是不局限于提供一种产品或服务，而是尽量丰富服务种类，扩大经营范围和市场范围。针对档案社会化服务而言，指的就是提供涵盖整个文件生命周期全过程的服务，服务种类多样，服务范围广泛，以期扩大客户群体。所谓专业化服务，指的是在某一细分领域内提供远高于行业平均水平的产品或服务。具体到档案社会化服务而言，就是指专注于文件生命周期中某一个或某几个环节，专门提供针对这一（些）环节的优质服务，以强化自身在这一细分领域内的竞争优势地位。这两种倾向目前处于并重发展的状态，并且都占据一定的市场份额。

多元化的档案社会化服务主要存在三点优势：

第一，服务内容广泛，满足客户多样化选择需求。客户可选择机构提供的某一项服务或某几项服务的产品组合，或全套服务，可选择的余地较大，可满足不同类型客户的需求。

第二，提供一站式服务，节省客户时间。提供综合性服务的档案社会化服务机构，能基于整个文件生命周期提供全面性、全阶段的服务。用户选择一家机构，即可购买整套服务，免去选择多家机构的麻烦，更加降低时间成本。

第三，服务对象多样，包括不同性质的客户单位。档案，社会化服

务的对象是多样的，不仅包括政府、企事业单位，而且包括个人的专门服务，面向的是全社会需要档案服务的群体。

多元化经营或服务在其他领域中已得到较好的利用，例如在图书馆服务领域，多元化发展已成为一种趋势。城市图书馆在做好文献信息服务工作的同时，也开展了学术报告、学术沙龙、文化论坛、科技市场等其他公益性或经营性服务。开展多元化服务的意义在于：既能进一步满足社会多样性需求，争取潜在客户；也有利于增加经济收入，促进自身发展。在档案领域，也应借鉴多元化服务的成功范例，规划自身的多元化发展战略。

专业化的档案社会化服务，其优势主要在于：

第一，专注程度高，服务性强、质量高。专业化的档案社会化服务机构提供的服务项目种类少，多集中在某一两个方面，因此提供的服务内容更深入细致，在该领域内具备丰富的管理经验和一流的业务能力，工作效率远远高于行业平均水平，服务质量更优。

第二，在同行业竞争中，保持自己的特有优势。专业化服务的档案社会化服务机构提供有差别性的服务，并在这一领域实力突出，有利于机构构建核心竞争力，保持自身在市场竞争中的独特优势，在同行业中保持领先地位。

综上所述，可以看出在档案社会化服务领域，存在着多元化服务和专业化服务并重发展的局面。无论是多元化还是专业化，都能通过合理的战略制定、市场定位获得自身的发展。多元化与专业化的档案社会化服务机构并存，和谐发展，才能满足市场的不同需求，推动档案社会化服务的科学发展。

五、档案社会化服务的发展趋向

(一) 可持续发展的档案服务

正处在起步阶段的档案社会化服务产业，面临着市场中的种种挑战，如何不断发展和壮大自身，获得市场份额，实现可持续发展，成为行业关注的焦点。所谓可持续发展，是指一种注重长远发展的经济增长模式，既满足当代人的需求，又不损害后代人满足其需求的能力。针对档案社会化服务行业来说，可持续发展是强调档案社会化服务要与经济、社会需求相互协调、同步发展，而非盲目追求机构数量的增多和规模的扩大。坚持走可持续发展战略，实现资源优化配置和利用，是保障档案社会化服务健康发展的基础。具体说来，符合可持续发展要求的档案社会化服务应具有以下取向：

（1）资源分配与使用的适度取向。一定时期内，行业发展所需要的物力、财力、人力等资源都是有限的，盲目追求档案社会化服务机构规模的扩大化，只会造成资源消耗的增加，市场供过于求。为保证档案社会化服务行业的可持续发展，在资源分配和使用上要讲究适度原则，不能为了追求规模效应，造成资源浪费。行业内机构数量与规模大小应与市场需求持平，保证科学的增速和增幅，在市场可提供的条件内确定档案社会化服务产业的规模。

（2）与经济、社会发展的协调取向。档案社会化服务作为新兴的现代服务业，与服务对象乃至整个社会都存在着相互依存、相互促进、共同发展的关系。要把市场看作一个整体，档案社会化服务作为市场的重要组成部分，在发展过程中逐步融入社会结构，与其他产业共同进步，并影响整个社会经济的发展进程。实现档案社会化服务的持续发展，要从两个方面保证其与经济、社会发展的协调：一是档案社会化服务发展的方向要与整个社会发展的方向一致。二是档案社会化服务要与现阶段经济发展状况相协调。

（3）满足不同时期、不同客户需求的公平取向。对档案社会化服务而言，可持续发展要求其在两个方面保证服务的公平性。一是对待不同客户的公平性。档案社会化服务的服务对象包括个人、企事业单位和政府机构，对待不同客户应保证同等的服务质量，确保不同类型的客户得到公平对待，促进整个社会层面档案管理水平的提高。二是对待不同时代客户的公平性。档案社会化服务要实现可持续发展，必须注重长远发展，既要满足当代人的档案服务需求，又要重视后代人的档案管理需求。因此档案社会化服务的建设不能仅驻足眼前，要高瞻远瞩，制订长期规划，满足后人的需求。

（4）经济效益与文化效益并重的人文取向。档案社会化服务行业不同于其他行业的重要特征，在于它产生的根源并不仅仅是追求经济利益的最大化，同时也追求人类文化的发扬与延续。档案是人类文化的重要载体之一，档案管理活动承载了保护人类文化的重要使命。档案社会化服务作为一种先进的、市场化的档案管理方式，为人类文化的发扬提供了更专业化的平台，更有利于提高人文意识。档案社会化服务机构是组成社会的一部分，其在追求经济效益的同时，也要履行社会责任，维护档案的文化属性，发挥其应有价值。履行社会责任有益于企业树立良好的形象，增强内聚力，同时与企业绩效呈现正相关的联系。以互联网产业为例，其中一个公司在网络文化产业中凭借技术和创新，走在行业的前列，为维护整个网络文化产业和谐、持续发展，不断改进网络技术和模式，加以应用和推广，促进文化产业的数字化、网络化进程，兼顾了企业经济效益的提高和社会责任的履行。档案社会化服务机构也应妥善平衡经济效应与文化效应的追求，促进企业自身的可持续发展，并以此支撑行业的可持续发展。

（二）协同发展的档案服务

协同发展战略指的是促进档案社会化服务事业与国民经济协调一致、共同发展，这是致力于实现社会认同所采取的必要战略，是发展的深化。档案社会化服务自身的可持续发展是实现协同发展的强有力的基础和支撑。所谓协同，指的是协调两个或两个以上的不同资源或者个体一致地完成某一目标的过程或能力。将市场看作一个系统，各个产业成为组成市场的子系统，档案社会化服务产业在与其他产业建立联系的过程中，促进了各子系统之间的合作、协调和同步。

1. 强调整体功能的实现

协同效应是指子系统之间相互作用而产生的整体效应或集体效应。

协同理论强调分工和协作，以汇聚子系统的分散力量，整合为一个整体，最终在整体上实现"2+2＞4"的效果。档案社会化服务是基于社会分工而产生的，分工是构成协作的基础。正是因为有不同的劳动分工，协同的重要性才逐渐得到重视，协同发展的目的在于将相互分离而独立的劳动连接起来，发挥其整体作用。

档案社会化服务是面向社会的服务，服务对象涵盖了社会的每一个细胞，在这些分散的社会个体之间建立了联系。因此，在大力发展档案社会化服务产业的同时，不能将眼光仅仅局限在这一专业分工领域之中，应注重不同产业间的联系，将这种相互关系看作一个协作的系统，发挥整体效应。这种整体效应的实现基于两个方面：一是档案社会化服务产业与其他产业的协作意愿。为了推动资源的合理配置，通过协作发展的模式，其他行业可利用档案社会化服务机构提供的优质文档服务，档案社会化服务机构在服务过程之中也能推动自身的前进与壮大，因此它们之间存在较强的协作意愿。二是共同的目标，从服务需求方来说，其所要达到的目标是实现高效优质的档案管理，而档案社会化服务产生的目标则是为社会提供完善的档案管理服务。正是基于以上两点，档案社会化服务产业与其他产业之间形成了协同发展，共同发挥整体效应。

2. 重视不同产业之间的相互配合

资源的有限性和配置不均衡，是各产业之间协同发展的重要原因。协同的具体实施就是要保证系统中各子系统间在操作、运行过程中的合作、协调和同步。具体说来，档案社会化服务产业拥有先进的档案管理理念和方法、档案管理设施设备以及优秀的专业人才，在档案管理领域占据资源优势，其他产业在这一领域的资源相对匮乏。通过产业间的相互配合，资源在不同产业中流动，得到高效率的运用，有利于整个市场的稳定和发展。以长三角地区的经济发展状况为例，这一地区聚集了大量制造业企业，近年来，逐渐呈现出制造业与生产性服务业的协同发展趋向。一方面，制造业的发展，促进了服务业的成长与专业化；另一方面，服务业与制造业紧密联系，也加快了自身专业化分工的深化与繁荣，竞争优势逐渐凸显。由此可见，产业间的协同，方便了知识和技术的流动与传播，有利于产业升级。

3. 促使市场向有序化转变

对于一个系统而言，总是从一种有序状态向另一种有序状态转变。档案社会化服务产业在与其他产业共同发展的过程中，促进了产业内外资源的有序协同，一定程度上推动了市场向有序化转变。档案社会化服务发展初期，市场发育不完全，内部需求没有被完全发掘出来，市场准入与监管制度也没有建立起来，这些都是制约档案社会化服务产业发展壮大的瓶颈。而随着资源的有效调控，不同产业间的相互配合，系统内部以自组织的发展方式，逐渐完善起来，市场逐渐从无序向有序状态转变。

第二节　新媒体视角下的档案信息服务

在信息社会，新媒体是手段、是途径，其最终目的是传播信息内容。作为具有权威性的信息资源之源，档案信息在科学研究、经济建设等各项活动中具有独特的资源优势，是需要借助新媒体广泛传播的重要信息之一。档案信息服务是新媒体信息服务的重要部分。新媒体的应用为各种档案信息服务方式创造了前所未有的无限可能。

一、新媒体认知

媒体是指传播信息的中介，即载体或平台。新媒体是相对于传统意义上的大众传播媒体而言的，是指随着传播新技术的发展和传媒市场的进一步细分而产生的新型传播媒体，主要是指宽带互联网络、移动两类新媒体。

(一) 新媒体的类型

(1) 数字新媒体。按照各类媒体出现的先后顺序划分，目前媒体可以分为五类：期刊、报纸、书籍等纸质平面媒体为第一媒体，广播为第二媒体，电视为第三媒体，互联网为第四媒体，移动网络为第五媒体。数字新媒体由传统的第一、第二、第三媒体发展而成，在互动性方面稍差，但在内容的个性化方面具有优势。

（2）网络新媒体。网络新媒体又称为第四媒体。它为人类信息交流创造了全新的模式，使得信息瞬间便可传播到全世界。信息的利用及其作用，较之以前的社会有了质的飞跃。

计算机网络是计算机技术与通信技术结合的产物，它把分布在不同地理区域的、功能独立的多台计算机与专门的外部设备用通信线路连成一个规模大、功能强的网络系统，从而使众多的计算机可以方便地互相传递信息，共享硬件、软件、数据信息等资源。

（3）移动新媒体。移动新媒体是基于无线网络的媒体。首先，它继承了第四媒体即网络新媒体所具有的不受时间、空间限制的特点。无论何时何地，只要有信号和移动互联终端，就可以使用移动新媒体。其次，移动新媒体覆盖人群广，拥有广泛的受众基础，使用手机和无线网络的移动终端用户全部是它的受众。

（二）新媒体的主要特征

（1）网络化。新媒体是以网络为先导发展起来的，网络是新媒体的代表，网络化是新媒体最基本的特征。网络构筑起崭新的虚拟空间，新媒体离不开网络空间。第四媒体就是指互联网本身，而第五媒体的出现和发展依赖于无线通信网络与国际互联网结合发展成为移动互联网络。网络是新媒体信息传输的媒介，新媒体通过网络突破时间和空间的限制快速便捷地传输各类信息。在新媒体的形成和发展中，网络扮演着不可或缺的角色。

（2）教学化。数字化是指新媒体上传播的信息是以二进制数字代码形式记录和表示的。这是新媒体的主要特征之一，是新媒体与以往所有传统媒体的根本性的区别。数字化的信息既可以以单一的信息形式，也可以以文字、图片、声音、影像等复合形式呈现。

（3）便捷化。便捷化是指新媒体的信息传播手段便捷化，即克服了传统媒体受时空限制的局限性，具有全天候和全覆盖的特征。例如，通过手机，人们实现即时与他人通话或收发短信。再如微博问世后，信息的传播呈现多维、立体、交叉、全景的特点，并且可以做到一天 24 小时不间歇。新媒体信息传播可以在瞬间通过网络、手机等传播到世界任何角落，新媒体覆盖的任何地方的用户都可以随时接收到地球上所有角落发出的全部信息，在时间上实现即时性，在空间上达到广泛性。

（4）互动性。互动性是指新媒体信息传播是双向互动的，这也是新媒体的一个显著特征。传统媒体的信息传播都是单向、线性的、"一点对多点"的传播方式。人们既可以作为接收者在平台上获取消息，也可以在平台上发布消息成为发布者，还可以互相反馈信息，实现互动。例如，数字广播新媒体可以实现听众与主持人的互动，听众还可以通过数字广播平台任意选择自己想听的节目。不仅参与媒体的传播活动，还可以随心所欲地从媒体中选择所需信息。新媒体不仅可以做到媒体与受众之间的互动，还可以实现受众与受众的互动。

（5）个性化。首先，个性化是指作为新媒体用户的个人，可以成为信息的传播者，通过博客、微博、手机短信、微信等新媒体工具，向特定人群或所有受众传播自己生成的信息，表达个人的观点；其次，是指一信息服务机构可以根据信息利用者的个性化利用需求，通过新媒体应用为利用者提供个性化信息服务；最后，个性化还包括分众化，即任何的个人都可以通过新媒体与他人沟通交流，并因具有共同的个性而形成一个个志趣相投的小团体。传统媒体的受众是无差异的、普遍的广大群众。新媒体的受众可以因个性的不同而分割为气味相投或利害相关的"小众"。

（6）多元化。首先，多元化是指新媒体信息内容的多元化，新闻、娱乐、科技、广告可以无所不包并且更富有层次性；其次，新媒体上信息的来源、种类、受众等都趋于多元化，完全可以满足不同类型信息利用者对信息的不同需求；最后，新媒体信息的表达形式和接收设备多元化，表达形式可以是文本、图形图像、音频、视频等多种表达形式，使信息更加丰富和饱满。同一表达形式的接收设备可以是手机、手持阅读器或计算机。

除了上述主要特征外，新媒体还具有多种特征，包括海量化、社群化、民主化、碎片化、开放性、平等性、自由性、全息性（指新媒体的传播行为具有全息性，即构成系统的各个部分可以具有不同的功能，但要实现系统的整体功能。每种事物与其他一切事物之间都存在互动的、相关的影响）、低成本等特征，而且新媒体的形态还会随技术进步而日益优化。

二、档案网站与档案信息服务

(一) 档案网站及其作用

档案网站是档案部门在互联的公共信息网络上建立的站点，它以网页方式提供相关信息和相关服务，构成公共信息网络的一个节点。档案网站建设是档案部门信息化建设的一项基础性工作和档案信息服务的重要手段。目前，我国档案网站建设在数量上已初具规模。国家档案门户网站的建成，以及各省级平台相继与政府门户网站实现互联，为逐步构建全国档案工作信息网奠定了基础。

目前，国内众多档案馆开设了档案门户网站，将档案信息按照一定的主题或分类法进行组织，提供 Web 浏览、查询、下载等功能，以此提供网络服务。

档案网站的作用表现在以下方面。

1. 档案宣传的新途径

档案网站为档案部门宣传档案工作提供了新的方式和新的窗口。互联网是继三大媒体（报纸、广播、电视）之后飞速发展起来的第四媒体，能够克服传统的档案宣传形式的诸多局限，成为档案部门加强和深化宣传工作的新窗口、新阵地。

利用网站宣传档案工作主要的优点有：生动活泼，图文声影并茂，容易被广大利用者所接受；传递迅速，宣传面较广，不受时间及空间的限制；针对性比较强，档案网站的来访及利用者的素质一般都比较高，能够通过自助方式找到所需信息资源，取得较好的宣传效果；兼容并蓄，能与报刊、广播、电视等多种宣传途径互联互补；档案宣传与档案利用结合得比较紧密，宣传的同时也可提供档案信息资源利用，使受知者更乐于接受，这是网站宣传的独特魅力。

2. 档案信息服务的新手段

档案网站为档案馆提供了改善服务的新手段、新渠道。档案馆可以充分利用网络分布广泛性、开放性、动态性和非线性等特点，在网上公布馆藏指南和检索目录，定期或不定期进行特色档案信息发布等，通过网站为社会各界开辟一个档案信息服务的新通道。

为提高档案信息资源的利用效率，充分发挥档案信息资源的作用，除正常接待查档外，许多档案馆开展了函电代查、代抄、代复制、档案咨询等多种形式的服务活动。互联网的发展又为档案馆提供了新的服务手段。电子邮件是互联网提供的一种快速、高效、方便、廉价的信息传递方式，通过电子邮件，不仅可以传递文字信息，还可以传递声音、图像、影像等多媒体信息。档案馆通过电子邮件这种形式可以突破函电代查、代抄、代复制的局限，为利用者提供更加及时、准确、全面的信息服务。一般档案馆都在主页上公布一个可供联系的电子邮件地址，这样远在外地、海外的利用者可以将其查档要求通过电子邮件告知档案馆，档案馆再根据其要求查阅后，将查档结果以电子邮件的形式传送给用户。

(二) 信息阅览服务

1. 馆藏档案信息

档案网站档案信息服务的最基本内容就是向社会发布档案和档案工作信息，提供信息供利用者阅览。

馆藏档案信息全称可以表述为馆（室）藏档案信息，是指档案馆、档案室所保存的各类档案的内容信息、特征信息等各方面的信息。向社会公众介绍和公布档案馆以及档案室所藏的档案信息是档案网站最主要的内容，是涉及面最广、最能吸引利用者的部分。

在网络新媒体中，各级各类档案馆和档案室所发布的馆藏档案信息应该是信息量最大的，也应该是最为集中和最丰富的。因为这类档案信息最能直接满足社会各界对档案的利用需求。所以馆藏档案信息应是档案网站的核心信息，为社会提供内容丰富、形式多样，并具有参考价值和经济价值的政治、经济、科技和文化信息。

馆藏档案信息根据加工层次可以分为三类：一次信息、二次信息和三次信息。一次信息是指未经任何人为加工的档案原文信息。一次信息比较全面和详细，具有独特的凭证价值和情报价值，能直接在科研、生产中起到考查和借鉴的作用。二次信息是将大量分散、无序的一次信息，用科学的方法加工、整理而产生的具有有序化、浓缩化特征的信息。三次信息是指围绕某个特定的课题，在利用二次信息的基础上，选用一次信息，经过综合研究和归纳分析形成的综述性档案信息。多数档案文献的编研成果都属于三次信息。

在档案信息服务中，档案机构要根据实际情况在档案网站中适当地提供这三类信息：一是尽最大可能提供一次信息即档案全文信息。档案全文信息是指档案机构收集到的电子文件，或者是对传统档案的原件进行数字化处理后得到的数字副本。二是尽量全面地提供二次信息即馆藏档案目录信息。馆藏档案目录信息是指对馆藏档案材料内容和形式特征的书面或其他方式的表达，可借以记录和识别一份文件或一个案卷。三是结合本档案机构特色提供三次信息即档案编研信息。档案编研信息包括全宗介绍、大事记、年鉴、组织沿革、基础数字汇编、专题概要等各种形式。

目前，我国档案网站上提供的馆藏档案信息以二次信息居多，二次信息中又以介绍性目录信息居多。一次信息、三次信息、检索性目录信息数量与所占比例都尚未形成规模。在今后的档案网站建设中，要重点考虑提高一次信息和三次信息的比重，以提供具体化的、系统化的馆藏档案信息，使网站上的馆藏档案信息利用达到实用性的功能层次。

2. 档案工作信息

档案工作，从广义上说，包括档案管理工作、档案行政管理工作、档案教育工作、档案科学研究工作、档案宣传工作、档案国际合作与交流工作等。据此，可以将档案工作信息分为档案业务管理工作信息、档案行政管理工作信息、档案教育工作信息、档案科学研究工作信息、档案宣传工作信息、档案国际合作与交流工作信息。

档案业务管理工作信息是档案馆或档案室将其档案管理业务的某些环节或内容延伸至档案网站，以适应管理环境的网络化，提高档案管理的效率。档案业务管理工作信息多基于政务网或局域网进行发布，通常结合了办公自动化系统、档案信息管理系统或是档案馆业务管理系统。而基于互联网上发布的档案业务管理工作信息一般包括档案发布、档案征集、档案检索、在线移交、业务咨询等。

档案行政管理工作信息是档案行政管理机构将其行政管理职能拓展至档案网站，以向政府机关或社会提供档案行政服务。档案行政管理工作信息一般包括政策法规、标准规划、管理制度、文令公告、行政监督、组织协调、业务指导、咨询服务、在线申报、在线审批等方面的内容，具有政策解读、文令发布、网上办公等政务功能。

档案教育工作信息是将档案教育功能拓展至档案网站，以发展档案教育，培养档案专业人才。

档案科学研究工作信息是将科学研究功能拓展至档案网站以促进科研工作的发展和档案学科发展。

档案宣传工作信息是将档案宣传功能拓展至档案网站以向社会和公众传播档案信息和档案思想，从而提高社会档案意识。

档案国际合作与交流是档案事业重要组成部分，也是国家对外文化与科技交流的重要方面，这方面的工作信息对于档案工作者、档案学者和社会公众都具有一定的价值和意义，理应通过档案网站进行发布。

3. 利用服务信息

利用服务信息是面向档案利用者，告知档案机构与档案网站提供何种服务及获得服务的途径和方法的信息。它一般包括本档案机构服务项目、服务内容、服务对象、服务方式、服务政策和服务限制，档案馆室查档指南（查档手续、查档范围、查档方法、查档程序、查档收费等），档案馆室阅览条件、开放时间，为研究者提供的各种可用工具等。

除了上述档案和档案工作信息外，档案网站还包括政府公开信息、社会环境信息和休闲娱乐信息等社会服务信息。其中政府公开信息是最重要的一类社会信息，一般属于档案网站的必备项，而社会环境信息和休闲娱乐信息属于可选项。

4. 政府公开信息

随着社会信息化和电子政务的深入发展，作为政府职能活动记录法定保管者的档案馆承担起了公开政府文件信息的责任。在档案信息服务过程中，这项职能同样延伸至档案网站。我国有许多档案网站提供政府公开信息查询阅览服务。

政府现行文件是未来档案的前身，既具有时效性；又与广大人民群众的利益密切相关。档案机构提供政府公开信息查询利用开拓了档案服务的新领域，也为政府政务公开及政府工作的民主化、透明化起到积极的促进作用。档案网站的现行文件利用则吸引了更多的档案潜在利用者，达到了良好的社会服务效果。

5. 社会环境信息

许多档案网站适当地提供所在地政治、经济、历史、文化等情况，也介绍了与馆藏档案相关的各地区政治、经济、历史、文化等情况。这些信息对于档案网站用户来说是相应的社会环境信息，既可以体现档案馆的历史文化特性，又可以为利用者提供较为全面的服务内容。档案网站还可以适当提供相关专业信息，如关于图书馆、博物馆等工作或研究中的新理论、新技术、新方法，适当提供一些相关专业、搜索引擎链接、热点网站推荐，以方便利用者快速、便捷地查找所需相关信息。

6. 休闲娱乐信息

档案网站无疑是专业网站，但为了吸引社会公众的眼球、凝聚档案网站的人气，档案网站可以结合档案信息内容适当提供一些休闲娱乐信息。可以结合馆藏特色档案信息建设大众文化休闲园地。通过历史回溯、地方风情、文化寻踪、名人轶事、古城旧影等内容提供具有文化性和娱乐性的档案信息。

（三）信息检索服务

信息检索服务是档案网站档案信息服务的重要内容，在档案网站内容建设过程中，应当确立检索服务的核心地位。信息检索服务是指使用网络档案计算机检索系统（或称之为在线档案计算机检索系统，档案计算机检索系统的网络版）进行检索。

档案网站信息检索服务具有"零距离""全天候""多用户"的特点，是实现信息查阅无距离、无时间限制的重要手段，对档案网站拓展服务面、提升服务工作水平，扩大档案工作的社会影响力起到重要的积极作用。

网络打破了时空和地域的限制，在新媒体环境下，利用者将有可能不再专门针对某一个档案馆的信息进行检索，而是针对整个网络中全部意义上的档案信息资源。这是档案网站最基本的功能。其检索内容包括政府现行文件、主动公开信息、历史档案以及其他文献资料，检索层次可以是目录信息、全文信息或编研成果，检索途径有题名、档号、关键词、分类号等，检索方式有简单检索、高级检索等。网上档案信息检索还可采取动态检索链接机制，提供"站内检索""站外检索"或"复合式检索"，实现跨库检索。对于内网网站，采用身份识别、权限控制、内容分级管理等机制；对于面向社会公众的外网网站，目前仅限于开放档案的目录查询和部分开放档案的全文查阅。

未来建设发展中需要进一步加强资源建设、提高数据质量、优化检索途径、完善检索功能、提供指南和帮助、增强检索结果处理能力、加强多媒体技术研究、扩大检索范围、丰富检索系统形式。

（四）信息搜索服务

信息搜索服务是指对网络中档案信息资源的搜索、定位，或称其为对网络中档案信息资源的发现。其针对的对象是不特定的、处于无序状态的网络信息，检索后返回的值是 URL（uniform resource locator，统一资源定位符），即相关网址。返回的 URL 所指向的网页或能提供网络档案计算机检索系统，或者包括了以静态页面形式发布的各种档案信息。

在实际应用中，信息搜索服务一般依赖搜索引擎实现。搜索引擎也是网络新媒体中重要的媒体形式。

搜索引擎是一种信息发现服务系统，用以实现对网络中各类信息资源的搜索、定位，或称为对网络信息资源的发现。其实质是查找特定信息相关网址的工具。其针对的对象是静态页面文件信息，检索后返回的值是 URL，即相关网址。搜索引擎工作的主要特点是采用基于 Web 浏览器的用户界面、检索结果按相关性排序并分批输出、在很多场合查询方式与浏览方式结合使用。

（五）交流互动服务

档案信息服务利用档案网站提供交流互动服务，从而收集档案利用者的反馈意见，征询社会各界对档案服务的建议，答复各类利用者的咨询、提问，在档案机构与社会公众之间架起双向沟通的桥梁，使档案网站成为档案工作者、档案学者、档案利用者多方交流和协助互动的平台，使档案信息服务在内容层次和服务程度上得到了进一步的深化。

交流互动服务用于宣传档案工作，解答有关咨询，接受反馈信息，供利用者和档案工作者进行交流和发表个人思想观点，集思广益。还可利用高效、快速、便捷的网络通信系统，为利用者传送档案信息或复制件、传送检索结果、开展定题服务、提供参考咨询。甚至可以定时将公布的档案信息和档案宣传信息推送给利用者，或开通 FTP 文件传输系统为利用者提供远程文件传递服务。档案机构、档案工作者、档案学者、档案利用者甚至社会公众还可以参与学术讨论组共同探讨和交流档案问题。

（六）导航服务

导航服务主要是为网站用户提供路径线索和标识，体现网页间的有机联系，使利用者了解网站的布局及主要内容，在网站浏览过程中具有结构感和方位感，始终知道自己在网站的什么位置，并可以通过导航功能快捷地访问相关的页面。

导航服务一般包括页面导航、内容导航和网站地图。页面导航是在网页上提供查询导航条，提示当前的访问路径，明确当前网页在网站中的位置，并可供访问者点击它去访问相关内容。内容导航一般是通过主题列表、选项菜单的形式对属于同一个栏目或同类信息内容的全部网页进行信息提示，以帮助利用者就某一栏目的各方面内容进行进一步的浏览。网站地图是对网站内的档案信息进行组织，建立索引，它按照网站层次建立树型目录，将网站内涉及的所有栏目按所属关系依次列出，同时提供超链接连接到相应网页。

（七）调查统计服务

网络新媒体使得档案调查统计工作的实现更为方便和快捷，档案网站通过调查统计服务，提高档案工作和档案网站服务质量。档案网站通过设计调查统计信息设置在网站上，让利用者自由填写或是建立一些激励机制鼓励利用者填写，实现与利用者的沟通。调查统计结果既可以应用到档案工作中，也可以提供给利用者和网站用户。

应用到档案工作中的调查统计服务主要针对利用者研究，用以分析利用者和利用需求，得出有价值的结论。通过征求利用者意见，便于对档案工作、网络设备、网站内容、功能及形式等进行改进和完善。

（八）下载服务

档案网站应根据情况适当地提供下载服务。一是实现对档案信息的下载。二是对档案工作中相关信息的下载。三是与档案工作有关的工具软件的下载。

档案网站作为档案信息服务的服务窗口、宣传窗口、对话窗口、中介窗口、交流窗口，汇集了各类档案信息，在档案信息服务中发挥了重要作用。新媒体条件下，档案网站依然是除到馆服务以外档案信息服务的最重要形式。通过档案网站开展档案信息服务，可以向社会提供开放档案信息和现行文件查询利用，让社会公众了解关于国家档案工作的法律法规、方针政策，提升社会档案意识，加大档案信息服务力度。虽然各类档案网站在档案信息资源的丰富度、特色内容的构建度、与用户的互动程度等方面还有待提高，但是由于具有登录方便、利用快捷等优势，其受众面正在逐步扩大。

三、微博与档案信息服务

随着社会信息化程度逐渐加深，档案利用服务工作的平台较之从前有相当大的拓展，尤其是依赖于计算机网络的服务平台更是吸引了越来越多档案工作者的注意。近年来，逐渐出现了依托微博平台的档案利用服务工作。微博，即微博客（MicroBlog）的简称，是网上个人日志类信息发布平台博客的微小化，是一个信息分享、传播以及获取的简便平台。

微博利用无线网络、有线网络等实现即时通信。博主随时将自己的最新想法以短信形式发送给手机和个性化网站群，而不仅仅是发送给个人。微博赋予所有用户属于自己的沟通平台，相当于有了一个私人媒体。在私人媒体上，每一个人都可以成为信息制造者，并将所产生的信息方便地进行传播交流。微博推动人与信息的融合，推动信息源变得无限广泛。

（一）微博在档案信息服务中的作用

1. 推送公共档案信息，促进公共档案馆建设

近年来，建成公共档案馆成为我国各级档案馆的建设目标。公共档案馆是应该由国家设立并管理的，由保障公民利用档案信息权利的制度安排的，为社会公众提供服务的综合档案馆。

与网站建设相同，档案微博可推送的公共档案信息包括如下三类。

（1）馆藏档案信息和编研成果信息。与在档案网站上访问此类信息

不同，在微博上此类信息是以非常简短的文字道出珍贵档案的信息，有利于提高利用者的阅读兴趣。在微博上发布此类信息要注意结合广大人民群众的生活，结合特色馆藏档案，学会用微博讲述老照片的故事或是对珍贵档案进行引人入胜的介绍。与在档案网站上访问此类信息不同，在微博上此类信息可以让作为受众的利用者就自己感兴趣的内容与发布信息的档案馆工作人员及时沟通，乃至引发利用者到相关档案网站或档案馆进一步详细了解自己感兴趣的内容。

（2）档案工作信息。微博因为内容简短，发布、接收以及查看形式的多样化，为档案工作信息传递提供了最佳的途径。最新颁布的档案法规政策，最新的档案工作动态，近期档案馆的展览活动，节假日开闭馆时间等都可以通过微博及时发布。档案工作信息通过微博的推送，方便利用者了解档案工作的实际情况，也可以壮大档案馆举办活动的声势。

（3）利用服务信息。利用微博发布服务项目、查档指南、开放时间等利用服务信息比档案网站发布具有更好的效果，有利于指导利用者直接找到所需档案，有利于方便公众顺利地到档案馆查档。例如，在档案微博进行查档指导，让公众知道可以到县区档案馆查询婚姻档案、查询劳动工资档案以找到工龄证明信息等，避免利用者盲目地东奔西跑。利用微博发布利用服务信息有利于促进档案馆服务转型，由被动服务向主动服务转变。

2. 推送政府公开，促进政府信息查阅中心建设

与网站建设相同，档案微博也可以推送政府公开信息。作为政府信息查阅中心是档案馆的基本职能之一。在档案微博上发布政府公开信息，既是档案馆服务民生的表现，也是政务公开的主要内容。

很多档案微博是以政务微博身份面向社会的，其功能一是发布权威信息，拉近档案与公众的距离。档案微博推送政府公开信息和政务信息的内容摘要及目录，有利于社会公众及时、迅速地浏览和了解政府信息，使政府信息查询更加贴近社会、贴近公众。二是通过微博打造档案工作网络平台，提高办事效率。

3. 实现交互式咨询服务，促进档案机构与公众交流

微博的信息交流交互性强，可以用于拓展档案咨询服务。档案咨询服务最大的特点在于提问与解答双方交流的互动性和实时性。以往利用者往往通过电话、档案网站进行问题咨询。有了微博以后可以不受时空限制方便地表达自己的诉求、意见和建议。档案机构通过微博及时回应各方问题。如果涉及利用者个人隐私的问题，还可以通过私信的方式进行互动。社会公众利用微博向档案机构咨询问题，档案机构利用微博解答利用者的疑问，回馈问题更加及时，有利于实现档案咨询服务的直接性、亲和性以及时效性，使档案咨询服务变得更加快捷、范围更加广泛，提高档案信息服务的质量和效率。同时，档案机构可以从利用者在微博中的留言了解人们对档案机构的印象，期待档案机构有哪些服务，期待什么样的服务方式，需要利用哪些档案；等等，省去现场调研的麻烦。微博还是档案宣传和档案征集的良好平台，有力地推动档案馆的建设。

微博运用日记形式的只言片语的语言交流方式，所呈现的是类似于对话的网上形态，能达到与朋友一起聊天那样自然、轻松的状态，方便交流使双方变得亲近与和谐。档案机构通过微博实现交互式咨询服务，可以做到及时反馈，达到与利用者之间零距离交流，还有利于改变档案机构刻板、沉闷的形象。

4. 推送与文化相关的档案信息，促进城市文化建设

档案是人类社会活动的成果，是国家和民族文化的集中体现，是国家文化财富的一部分。许多档案被誉为文化瑰宝。档案馆具有文化存储和文明记忆功能，同时还具有社会教育、文化传播和休闲功能。通过微博打造档案馆的"文化传播平台"，可以促进城市文化建设。

在微博中解读档案中的历史故事，推广有吸引力的档案文化活动，可以使沉寂的历史鲜活起来。城市举办的与文化、档案相关的大型活动、各种展会、交流活动，也可以通过档案微博向社会发布，还可以利用微博做好文化遗产的宣传服务。通过微博建立与其他档案机构的链接

扩大档案机构的社会文化联系，形成"微博群"，充分发挥联动作用和群落功能。

（二）基于微博平台的档案利用服务工作的开展优势

与传统的档案服务利用工作相比，在微博平台上开展此项工作无疑是一大创举。微博平台之所以能吸引到档案工作者，必然有其特有的、区别于其他平台的优势所在，结合微博自身的特色分析，基于微博平台的档案利用服务工作优势有以下三点。

1. 服务工作的主动性。传统的档案服务利用工作是建立在用户需要什么，档案馆就提供什么的基础上的，档案馆常常处于被动地位。众所周知，档案信息资源是一种重要的社会资源，对于推动社会文化科学事业的发展有着重要的作用。然而，普通群众在日常生活中往往会忽略档案的信息属性和参考价值，这就需要档案工作者主动开发档案资源，并选择适当的平台，例如，档案信息网站、微博等同公众展示。目前，大多数档案局（馆）官方微博都以主动提供档案信息为主，积极挖掘馆藏资料向公众发布，做到了从被动服务到主动服务的转变。

2. 信息发布的及时性。微博一直以来就以其信息发布的及时性作为卖点，几乎每条社会热点、焦点新闻都会成为微博讨论的座上宾，紧贴时事发布相关内容也成了微博的特色之一。各类档案局（馆）官方微博也将这一优势延续了下来，常常围绕某一个热点事件来发布相关的档案信息。官方微博能够根据时间、事件等当前热点，找寻馆藏的档案信息并发布，使利用者可以及时地获取信息，让大量沉睡着的档案充分发挥作用，起到了很好地服务利用效果。

3. 服务利用的互动性。微博的常用功能除了信息发布之外，还有信息评论和信息转发。信息评论即在某条微博下面开设评论功能，供看到这条微博的浏览者表达自己的观点和进行讨论。信息转发即将某条微博原文转发到自己的微博主页面，让关注自己微博的"粉丝"也能看到这条微博，扩大该条微博的传播范围，使更多的人参与到讨论之中。档案馆与档案利用者以及档案利用者之间对于档案内容的交流，从一方面来说能帮助双方挖掘出档案背后更多的信息，另一方面更能进一步提升社会档案意识。我们知道，档案管理水平不仅与社会环境、社会发展水平息息相关，与社会档案意识也有紧密联系。随着社会档案意识的进一步提高，档案管理水平必将跨上新的台阶。

（三）基于微博平台的档案利用服务工作的未来展望

我国发展基于微博平台的档案利用服务工作的未来发展将具有以下两个特点。

1. 档案局（馆）官方微博将占据基于微博服务利用工作的主流地位。虽然目前档案局（馆）的官方微博影响力不如非官方影响力大，但是其发布信息的真实性高这一优势也非常明显：随着政府对官方政务微博的重视程度加大，档案局（馆）官方微博也将进入高速发展的时期。在这个信息爆性的时代，比起繁杂的未经证实的信息，群众更需要的是真实可靠的信息，档案局（馆）会在基于微博平台的档案服务利用工作方面占据主流地位。

2. 档案局（馆）官方网站将与其他政务微博相互协作、共同发展。政务微博是一个群体概念，档案局（馆）官方微博是其中的一分子。各政务微博在业务上将相互协作，成为信息互通，功能互补，业务互助的政府信息公开系统。该信息公开系统在个体相对独立的同时，能保持总体统一融合的状态，从而促进个体之间的共同发展，最终将推进我国政务微博的总体发展。

第三节　大数据视角下的档案管理与服务

一、大数据与档案信息化

（一）大数据认知

大数据的起源可以追溯到 2000 年前后，互联网网页以每日约 700 万个的速度呈现爆发式增长，随着越来越多的用户使用互联网，用户在互联网上检索准确信息也变得愈发困难。

大数据从出现至今，一直都是全社会关注的焦点，至今仍无公认地定义。对于大数据，可以从资源、技术和应用三个层次理解，"大数据是具有体量大、结构多样、时效强等特征的数据；处理大数据需采用新型计算架构和智能算法等新技术；大数据的应用强调以新的理念应用于辅助决策、发现新的知识，更强调在线闭环的业务流程优化。"大数据不仅"大"，而且"新"，是新资源、新工具和新应用的综合体。

（二）大数据对档案信息化的保障

1．档案数据高效存储保障

目前，馆藏数字档案量已经从 TB 级别跃升至 PB 级别，与此同时，科技进步衍生出的数据呈现出了分布式和异构性特点，需要归档的数字资源繁多，包含结构化、非结构化和半结构化数据。非结构化数据，如文本、图片、各类表格、图像和音视频等，半结构化数据，如 E-mail、HTML 文档等，都不便于使用关系数据库二维逻辑表来表现。

传统关系型数据库已经无法满足对数量庞大、类型多样的档案资源的组织与管理需求，需要引入大数据管理系统对档案进行分布式存储、快速检索。大数据存储方法有很多种，如 Hadoop、NoSQL，都具有一些共同的特点，即利用硬件的优势，使用可扩展的、并行的处理技术，采用非关系模型存储处理非结构化和半结构化的数据，并对大数据运用高级分析和可视化技术。

2．档案数据价值挖掘保障

在档案数字资源中，不同的档案数据中蕴含的价值存在差异，有可能导致用户获取价值信息的难度增大。如何从这些资源中提炼、挖掘出有价值的档案信息，并以人们易于接受的方式传递给用户，是目前档案工作者必须解决的问题。大数据时代带来新的技术，为档案工作者提供解决问题的方式。档案工作者可以采用大数据技术，在海量档案数据中发现关联，从不同角度对其进行聚类和分类，以多维度、多层次的方式展现档案数据，将非结构化数据转换为结构化、半结构化数据，从而使用户更准确、更容易获得档案信息。必要时，还可以通过可视化技术，形成图形图像，直观地展示最终结果。

二、大数据环境下的档案信息资源开发与利用

（一）大数据环境下档案信息资源开发与利用的主客体

利用是一个满足需要的过程，档案信息资源利用的实现首先需要档案馆（主体）提供信息开发、传播；而后需要利用者（客体）有利用需求；最后主体提供的档案信息恰好或一定程度上能与客体利用者的需要相契合。大数据环境下，档案信息资源利用的主体、客体、目标都发生了一定的变化。

1. 主体。档案馆是永久保管档案的基地，拥有丰富的档案信息资源，是档案信息资源开发的主体。其中综合性档案馆较其他档案馆在人才、资源方面具有独特的优势，是档案信息资源开发利用的主要力量。大数据环境下许多档案馆推出了手机短信、微信、微博等微媒体服务，也有少数档案馆开发了 App 提供档案服务。但是服务方式的增多和档案馆既定的人力、物力资源入不敷出导致一些档案馆面对新环境力不从心，出现了"有数量没质量"的情况。

2. 客体。档案利用者产生档案利用需求，是档案馆的服务对象。在大数据环境下，一方面，档案利用者的范围在整体上有所扩展，更多的群体可以通过档案馆的微信公众号、微博、App 等途径利用档案实现其参考价值；另一方面，档案利用需求具有"刚性律"[①]，刚性档案需求的利用者变化较少，而这些刚性需求的利用者是档案馆的主要服务对象。在移动互联网大浪潮下我们要时刻保持冷静，处理好"为谁服务，以谁为主"的问题。

3. 目标。档案信息资源开发与利用的目标是将主体与客体结合以

---

①刚性律：刚性是相对于弹性的概念，档案信息的利用多表现为解决某一特定问题必须用特定的信息。

满足利用者的信息需求，在大数据环境下，这一目标是在满足利用者需求的基础上使利用者的利用更加简单、自由，进而促进利用者的利用。在大数据环境下，分析用户档案信息需求，合理选题选材，并通过移动互联网将开发出来的档案信息资源以简单便捷的方式提供给用户。满足利用需求，提升客户体验是大数据环境下档案信息资源开发利用的最终目标。

（二）大数据环境下档案信息资源开发与利用的新特征

大数据环境下档案信息资源开发与利用有了一些新的特征，把握变化才能更好地适应这一环境。

1. 空间上的移动性。移动环境指的是人或物处在不断变化的空间环境中，在移动信息服务的过程中，用户及其所持终端是处于移动状态的，总是跨越不同地点，跨越不同情境①。一方面，这一特点为档案利用提供了便捷，用户可以获得和利用档案信息的空间自由度加强；另一方面，对档案利用工作提出了挑战：移动空间环境中的干扰因素增加，用户对档案信息利用呈现出碎片化趋势，对于档案信息的质量要求更高；移动环境对无线网络、信息传输等的技术要求也更高。

2. 时间上的碎片化。由空间的移动性导致档案信息资源利用时间的碎片化。这一特点在实现了随时利用的同时对档案信息资源开发者提出了新的要求，大数据环境下人们已经进入"读图时代"，档案信息资源开发形式应该与时俱行，图片、小视频成为受欢迎形式。另外，集中阅读时间碎片化对档案信息资源的内容也产生了一定影响，人们更加倾向于简单娱乐性的内容。所以档案信息资源开发者应该把握住大数据环境下的新特点，提供用户需要的内容。

3. 用户主导档案信息资源开发。大数据环境下网民的"话语权"得到增强，更加有利于表达自身诉求。传统的由"档案馆"主导的档案

---

①茆意宏. 面向用户需求的图书馆移动信息服务研究［M］. 北京：中国书籍出版社，2013.

信息资源开发逐渐向用户主导转变，一些类似于"我需要的档案信息"的调查活动使用户加入档案信息资源开发的"选题""选材""编辑"，甚至是宣传推广。利用者也是开发者，使得档案信息资源利用率得以提升。

4. 档案信息资源利用的深度增加。大数据环境下档案信息资源的利用从简单的"实物利用""知识利用"转变。档案的凭证性作用依然重要，但是在大数据环境下人们参考档案指导实践活动、利用档案信息进行创作、通过档案记忆历史的例子随处可见。档案信息资源开发利用深度加深。

5. 档案信息资源利用的方式增多。传统档案信息资源利用主要通过到馆利用、档案编研成果利用、档案网站利用来实现，大数据环境下档案利用途径变得更加丰富。微信、微博、手机 App 等多种途径可供选择，也在这些社交媒体中使档案走进千家万户。

三、大数据环境下的档案信息服务创新

(一) 大数据背景下档案信息服务面临的机遇

虽然在大数据背景下，大数据给档案信息服务带来了挑战，但它同时也为档案信息服务带来了很多机遇，无论是服务内容，还是服务模式及服务思想的转变等。这为传统实体档案服务模式和现代网站档案服务模式的新发展带来新的契机。

1. 有助于丰富档案信息服务内容。数据的快速增长为档案服务提供了丰富的档案资源，使得档案服务机构的工作内容能够打破原有的限制，而提供巨量的档案信息资源。就档案馆而言，档案资源除了储藏在本馆内的档案资源外，还可以通过与其他档案馆进行档案信息资源共享，实现档案信息资源云共享。这项举措在很大程度上克服了本馆档案资源的局限性，为利用者提供丰富而有效的档案资源。所以说，这些海量的档案信息资源为档案馆信息服务提供了内在的硬性支持，使其提供的服务内容更加丰富多样，满足利用者的多方面需求。

2．有助于完善档案信息服务方式。以往的档案信息服务模式基本上都比较倾向于被动服务，档案服务机构很少去主动服务，而且服务方式极为简单被动。最常见的服务模式是用户提出查档要求，档案馆根据其需求查找相应的档案信息资源以提供利用，并且利用者还要办理各种利用手续，程序复杂，给利用者带来极大的不便。而在大数据时代，档案服务机构可以在保持原有的服务方式基础上，利用各种电子设备和数据技术扩大服务范围，提高服务质量。同样拿档案馆来说，档案馆信息服务应该首先要立足于大数据背景下，在提高原来服务水平和服务质量的同时，还应积极主动地向社会发布一些档案信息，进行档案推送，提高服务效率。同时，档案馆还要积极发挥电子档案信息资源的作用，扩大电子档案信息资源的利用范围，发展档案数字化。这也就要求档案服务机构的服务方式和服务流程都要做出相应的转变以适应现代化的需要，其服务方式也要从被动式逐渐向主动式转变。

3．有助于转变档案信息服务思想。以往的档案信息服务思想是将档案信息服务看作是本机构的一种正常业务来完成，被动而又消极。而在大数据时代，档案利用者则对档案信息服务机构的服务质量和水平提出了更高的要求和期待。档案信息服务机构可以以此为契机转变服务思想，从消极被动向主动热情转变。同时，档案信息服务也要完善为以用户为中心，在满足用户个性化需求的同时也要提供更好的人性化服务。大数据为档案服务机构服务思想的转变提供了现实基础，其丰富的档案信息资源使档案服务机构为用户提供准确的解答、优质的服务成为可能。

（二）档案信息服务创新研究的主要内容

大数据给档案信息服务模式带来了冲击，未来档案服务机构的核心竞争力很大程度上取决于其信息服务的能力，这就要求档案服务机构就服务方式进行创新。大数据时代是信息的时代，不仅包括繁多的数据，也包括各种数据平台，如微博、微信等。下面我们就微信平台对档案信息服务创新的方式展开分析。

2011 年，腾讯研发出了一种新型的信息交流工具——微信，它可以快速方便地发送文字、图片、声音、视频等。用户可以通过关注微信公众号来了解想要知道的信息。如今许多档案馆、档案室、立档单位等档案服务机构基本上都开通了微信公众号为广大微信用户提供档案信息服务。这项举措无疑是在原有档案信息服务方式基础上进行的服务创新。

档案服务机构创建各自的微信公众号，构建档案信息服务平台，这个平台大致可以包括以下几个方面。

1. 档案推送。档案工作者必须利用微信向微信用户发布并且推荐一些档案信息资料，无论是文字信息、图片还是视频等，确保微信利用者能够看到自己感兴趣的档案资料，以提高档案信息的公开度和利用率。这些档案资料不仅要包括国家机关档案、社会组织档案、企业档案、个人档案等，还要包括本馆特色的档案信息。同时，档案工作者也可以利用该微信公众号发布一些最新的馆藏信息，如档案馆开放信息、讲座信息、展览信息等。总而言之，档案推送这一板块主要是全面展示本馆馆藏信息与最新信息的。

2. 档案查询。档案查询主要是对用户提供查档服务，根据主题、关键词以及责任者等为用户提供相关的档案信息。服务范围包括档案馆藏资源目录体系、档案使用方法，并在帮助用户的过程中不断总结用户需求，有组织、有计划地组织好档案信息资源、档案资料等。同时，档案服务机构也要逐步改善技术水平，创建档案服务系统，提高档案信息服务的查全率与查准率。档案服务机构也要逐渐完善和丰富档案内容，无论是文字、图片还是视频，要一应俱全，为用户提供丰富的档案资料以供参考和查询。

3. 档案咨询。档案咨询是档案服务机构与用户相连接的中心纽带。微信作为新兴的信息交流媒体具有优秀的 SNS 属性，人与人之间可以进行实时交流、互动和资源共享。用户通过微信能够直接和档案服务人员进行交流，一对一的交流使得双方的沟通更为顺畅地进行，也能逐步建立起档案服务人员与用户之间的情感桥梁。通过档案咨询，档案服务人员会正确地认识到工作中都有哪些不足需要改正，提高服务效率；而用户则可以通过在线咨询完整地得到档案服务人员的答复，对档案工作的理解将会更加深刻，确保档案服务人员工作的顺利开展。

我们认为以上三点是任何一个档案微信信息服务平台都必须具备的，其他的附加功能则是根据各自档案服务机构的服务方式、服务内容、服务范围等所决定，不用太多具体的要求。各自的档案信息服务机构应有各自的服务特色，不能千篇一律。

总之，档案信息服务历来是伴随着档案发展的历史全过程，从分散服务到系统服务，逐渐完善成为一个服务体系。随着社会的发展，这个转变正在逐渐进行，从纵向层面讲，档案信息资源至今还没有完全开发出来；从横向层面讲，档案服务机构至今还未建立起较为完善的档案信息服务模式以及体系。因此，研究档案信息服务相关内容应该发展成为档案发展事业要务之一。

第三章 档案管理工作的内容

随着社会经济的发展，人们的活动也愈加频繁，致使信息的形式也变得越来越复杂。信息变得复杂，相应就会增加档案的管理难度。本章围绕档案的收集与整理、档案的检索与编研、档案的鉴定与保管、档案的利用与统计展开论述。

第一节 档案的收集与整理

一、档案收集概述

档案收集工作是指按照国家有关规定、制度和方法，将分散在各单位或各单位内部机构和个人手中的档案以及散失在国内外的档案，有计划地分别集中到有关档案室和各级各类档案馆，实行集中统一管理。档案收集工作的内容，可以分为两个部分，即档案室的档案收集工作和档案馆的档案收集工作。档案室的收集工作主要是指档案室对本单位需要归档的文件材料的接收。

档案收集工作的基本要求是：丰富和优化馆（室）藏，加强馆（室）外调查和指导，积极推行入馆（室）档案的标准化，保持全宗和全宗群的完整性。丰富和优化馆（室）藏是档案收集工作首先必须树立的指导思想。

丰富和优化馆（室）藏具体是指：①数量充分，就是要求各级各类档案馆（室）尽可能地收集和补充档案的数量；②质量优化，就是要求收存的档案达到一定的质量标准，具有重要的价值；③成分充实，就是要求档案部门在收集时要顾及档案的不同种类、不同载体、不同来源和不同内容等多种因素；④结构合理，就是在档案的来源和内容等方面的合理配置，各种档案门类要齐全，对照片、音像、电子档案以及实物等均应纳入收集范围。

二、档案室的收集工作

（一）档案室档案收集的范围

机关、企事业单位档案室档案的收集范围主要包括：本单位工作活动中形成的各种门类和载体的全部档案，这是档案室收集档案的主要来源；与本单位业务工作有关的资料；代管与本单位有关的撤销或合并机构的档案等三个方面。

（二）档案室档案的归档制度

1. 归档制度的必要性分析

各单位在工作活动中产生的文件材料办理完毕后，不得由承办部门或个人分散保存，必须由文书部门或业务部门系统整理，定期移交给本单位档案室集中管理，这就是归档①。在我国，归档是党和国家明文规定的一项制度，并且以法律的形式固定下来，这就是通常所说的归档制度。归档制度是档案室收集工作的重要内容和最基础的工作，建立健全归档制度能够确保档案室档案来源的连续性，为国家积累档案财富提供重要保证。

2. 归档制度的主要内容

归档制度包括归档范围、归档时间、归档要求和归档手续等内容。

（1）归档范围

归档范围是指一个单位产生的所有文件中需要归档的部分。根据国家规定，凡是反映本单位工作活动、具有查考利用价值的各种形式和载体的文件材料均属归档范围。

（2）归档时间

归档时间是指文书处理部门或业务部门将需要归档的文件材料向档

---

①杨红本. 档案管理理论与实务［M］. 上海：上海教育出版社，2016.

案室移交的时间。

一般来说，有实时归档和定期归档两种。实时归档适用于机密性强的科技文件材料和外来材料（外购设备的随机图纸、文字说明，委托外单位设计的文件材料等）。定期归档又分为下面几种情况。

第一，按项目结束时间归档。它适用于形成周期不长的科技文件材料，如专业性技术会议、学术会议的文件材料，一般应在会议结束后及时整理归档。

第二，按子项目结束时间归档。它适用于大型项目或研究课题，其设计、施工和研制周期较长，且每个项目往往由若干子项目组成，这些子项目各自相对独立，工作进展往往不一致，分别归档有利于整个项目的正常进行。

第三，按工作阶段归档。它适用于活动周期较长的科技、生产项目形成的文件材料，如按可行性研究阶段、初步设计阶段、施工图或工作图设计阶段分别进行归档。

第四，按年度归档。它适用于活动和形成周期较长，依年度比按阶段归档更适合的科技项目形成的文件、某些自然观测活动中形成的科技文件、应作为科技档案保存备查的科技管理性文件材料。

（3）归档要求

归档要求具体有以下几个方面：第一，归档的文件要齐全、完整，即归档文件材料应做到种类齐全、份数完整，每份文件不缺张少页。第二，归档文件要系统条理，归档文件材料要按不同特征结合不同保管期限进行整理，组成一个具有内在联系、能够反映单位活动的基本面貌，便于保管和利用的保管单位。保管单位可以是单份文件，也可以是案卷。第三，归档文件要进行基本的编目，要依次编定页号或件号。以卷为单位，则需逐件填写卷内文件目录和卷末备考表。案卷装订后，按规定逐项准确填写案卷封面，并对案卷进行排序，编制案卷移交目录并且一式两份。

（4）归档手续

归档手续是指文书部门或业务部门在向档案室移交档案时应履行的

手续。档案交接双方应当根据档案移交目录清点核对，确认无误后，方可履行签字手续。移交目录一般一式两份，交接双方各存一份。

（三）档案室档案归档的组织与检查

1. 对文件的形成与积累应进行督促和指导

档案室有责任对文书处理工作制度、文件的用纸、书写格式和书写材料等方面存在的问题，向领导和业务部门反映情况，提出意见和建议，力求自上而下明确有关规章制度，对文件的形成建立有效的保障机制，以保证归档文件的完整。档案室的工作人员不仅要通过推行归档制度将已经形成的文件收集齐全，而且要督促和指导文书部门或业务部门文件的形成与办理过程中的各种情况。

2. 指导、协助文书部门或业务部门做好归档工作

档案室应指导、协助文书部门或业务部门做好文件材料归档前的准备工作：

（1）协助选择正确的归档部门。选择归档部门即归档工作放在单位内哪一级机构，由谁负责归档。一般来讲，归档工作应与文件工作的组织形式相适应。

（2）划定科学的归档范围。为了避免重复归档和防止遗漏文件，档案室还必须协助文书处理部门划定科学的归档范围，明确单位和单位之间，单位内部机构之间的分工，特别对于分散归档的单位，一定要确定各部门归档范围，做到分工明确。

（3）协助编制归档类目。归档类目又称为"预归档"，是在文件尚未形成之前，事先编制的归档计划。归档类目通常是由文件形成部门、单位档案室、文件承办人员和秘书部门共同在当年年初或上半年，按照归档的要求和方法及预计可能产生的文件种类而拟制得详细而具体的归档工作方案。

3. 对档案质量进行检查

文书部门或业务部门整理结束后，档案室应全面检查预归档文件的整体质量，如应当归档的文件数量和种类是否收集齐全，内容是否全面反映单位的主要工作活动，保管期限是否划分准确，编制的目录是否符

合国家有关标准和要求。

（四）档案室的平时收集工作

平时收集是指档案室在执行归档制度之外对零散文件的收集。

1. "账外"文件的收集。"账外"文件是指未经单位文书部门登记入账，在收、发文登记簿上无"账"可查的文件。"账外"文件主要有：本单位召开的各种会议文件材料；本单位领导和业务人员外出开会或参观学习考察等活动中获取的文件材料；外单位直接寄发给领导"亲启"的文件或直接给部门和有关人员的文件材料；本单位内部各种规章制度、统计数字材料等。

2. 专业文件的收集。专业文件是指在各项专业活动中形成的文件和特殊载体的文件材料。档案室在重视对文书档案、科技档案收集的同时，还应重视对各种专业文件的收集；在重视对纸质文件收集的同时，还应健全归档制度，重视对音像等其他载体文件的收集，确保档案室保存的文件门类齐全。

3. 零散文件的收集。零散文件的形成原因主要有两个方面：一是某些单位由于归档制度未建立或归档制度执行不严，致使文件材料分散保存在内部机构、领导或业务人员手中，特别是未经收发室登记的文件和某些内部文件；二是由于机构调整、人员变动或发生搬迁、灾害等特殊情形，使归档文件不齐全、不完整。

三、档案馆的收集工作

（一）档案馆档案的接收要求及期限

1. 档案馆档案的接收要求

为保证接收工作的顺利进行，档案馆在接收档案时，一般应符合如下要求。

一是档案收集完整。进馆档案应按全宗整理，保持全宗的完整性。一个全宗范围内文书档案、科技档案、音像档案和实物等各种门类和载体的档案应作为一个整体，统一移交给一个档案馆。

二是限制利用意见明确。对自己形成日期满 30 年仍能对外开放的档案，各有关单位应在移交时提出明确的控制利用意见。政府信息公开部门应对移交档案中涉及政府信息的，书面告知其原有公开属性。

三是档案整理编目规范。档案由有关单位收集齐全、并按规定进行系统整理。

四是档案检索工具齐全。接收立档单位档案的同时，应将其编制的组织沿革、全宗介绍、案卷目录等有关检索工具以及与全宗相关的各种资料一并接收。

五是清点核对手续完备。档案移交时，交接双方必须根据移交目录清点核对无误，并在交接文据上签字盖章，一式两份分别由双方单位保存。

2. 档案馆档案的接收期限

为了保证国家档案馆馆藏档案有稳定而可靠的来源，同时也为保证国家档案得到安全保管和有效利用，各机关、团体、企事业单位和其他组织，应当按规定定期向国家档案馆移交档案。

原则上，立档单位必须按规定无条件地将应当进馆的档案定期向国家档案馆移交，各专业主管部门无权在档案定期移交问题上再自行制定与《档案法》及其《实施办法》不一致的规定和办法。但对于专业性较强或者需要保密的档案，立档单位经同级档案行政管理部门检查和同意，可以延长向有关档案馆移交的期限。对于已撤销单位的档案或者由于保管条件恶劣可能导致不安全或者严重损毁的档案，可以提前向有关档案馆移交。列入综合档案馆收集范围，依法可以随时向社会开放的档案，可以提前向综合档案馆移交。

(二) 档案馆档案收集的主要方式

一般而言，档案馆对档案的收集方式主要有两种：逐年接收和定期接收。逐年接收即每年接收一次档案，定期接收就是每隔一定时期（3年、5年）接收一次。

但是，档案馆对科技档案的收集方式有所不同，实行相关单位主送制和科技档案的补送制。

1. 相关单位主送制。对于普通文书档案而言，应按要求将其中具有永久和长期保存价值的所有档案都移交进馆。科技档案则不采取这种普遍接收进馆的制度，而是实行相关单位主送制，即对不同种类及不同项目的科技档案，按照国家有关规定，分别确定报送单位，主送单位报送档案中的不足部分由其他有关单位补充移交。

2. 科技档案补送制。建立补送制的目的，是为了及时反映进馆档案所涉及的科技、生产项目的发展、变化情况，保持馆藏科技档案的完整性和准确性。例如，进馆档案所反映的基建项目进行重大改建、扩建，产品改型、换代等，在这些情况下，原移交单位要向档案馆补送相关的科技档案。

3. 协作项目科技档案的收集。任何一个科技协作项目，都有主持单位和参加单位，参加单位可能很多，但主持单位一般只有一个，因此，要以主持单位为收集主渠道，负责协作项目科技档案的归档和移交工作。具体做法是：各参加单位负责将各自承担任务中形成的科技文件材料收集齐全，经鉴别整理，按一定手续移交给主持单位；由主持单位将该项目中形成的全部科技文件材料进行系统的整理，统一向科技专业档案馆移交。当本单位只是该协作项目的参加单位时，应将有关参与部分的科技文件材料按要求整理归档，如需要收集该档案，可向主持单位提出要求，以复制件形式进行收集。

（三）机构发生变动时档案的接收

近年来，随着经济、文化等组织机构和体制的改革，以及行政区划变动等原因，不少机构发生变动。机关、国有企事业单位一旦撤销或发生变动，各档案部门应按照相关规定对档案做好妥善处理。

（四）社会散存档案的收集

社会散存档案是指国家机构、社会组织和个人在历史上形成的、对国家和社会有保存价值的、尚在法定档案保管机构之外保存的档案。

四、档案整理

（一）档案整理工作的程序

档案整理工作，是指按照一定的原则对档案实体进行分类、组合、排列与编目，使之系统化的过程。

档案整理工作从性质上可分为系统化和编目两个部分，具体包括：区分全宗、全宗内档案分类、类内文件组合、案卷排列与编目。

档案整理工作的程序如下：

1. 系统排列和编目。在正常情况下，档案室接收的是文书部门和业务部门按照归档要求组合好的文件材料，而档案馆接收的是各个单位档案室按照进馆规范系统整理的档案。因此，对于档案室和档案馆来讲，档案整理工作只是在更大范围内对接收进来的档案做进一步调整。

2. 局部调整。档案馆（室）在日常管理工作中，要定期对所藏档案进行检查，发现明显不符合要求、确实影响保管和利用的档案，档案馆（室）有责任对不合理的整理状况进行局部的调整。

3. 全过程整理。档案馆（室）在收集档案过程中，由于种种原因，其中有些档案没有经过系统的整理，处于零乱状态，这就必须进行从全宗划分、组合、排列和编目的全过程整理工作。

（二）档案整理工作的基本原则

档案整理工作应遵循保持文件之间的历史联系，充分利用原有基础，便于档案的保管和利用的原则。

文件之间的历史联系是指文件在产生和处理过程中所形成的联系，主要表现为文件在来源、时间、内容和形式等方面的联系。

充分利用原有基础，就是对已经整理的档案，只要有规可循、有目可查，应力求保持原先的整理结果和体系，不要轻易否定、随意重整。一般而言包含三种情形：在原有整理结果基本可用的情况下，维持原先整理状况不变，同时通过编制必要的检索工具来弥补其中的缺陷；某些整理结果明显不合理，可仔细研究，尽量在原来整理的体系内作局部调整；原有基础确实问题突出，严重影响了保管和利用，可以重新整理，但也应当尽可能吸收或保留其中的可取之处，包括原有的时间等标记。

便于保管和利用是档案整理工作的基本出发点和根本目的。在档案整理过程中，必须始终考虑是否便于保管和利用。

五、全宗

（一）全宗与立档单位

全宗是一个国家机构、社会组织或个人在社会活动中形成的具有有机联系的档案整体。一个全宗，反映了一个单位或个人活动的全过程。同时，全宗也是档案馆（室）对档案进行科学管理的基本单位。

1. 立档单位认知

立档单位，就是全宗构成者。社会上每一个独立的单位或个人，在行使其职能活动的过程中势必会形成一定的档案，这个单位或个人的所有档案之间具有一定的联系，这样一个档案的整体为全宗，而形成这些档案整体的单位或个人，就称为"全宗构成者"，又称"立档单位"。

2. 全宗的立档单位

全宗按其形成的单位和内容性质，可以分为组织全宗和人物全宗，相应形成全宗的立档单位也有两类，即机关、团体、企事业单位和个人。

（1）组织全宗

由于各单位的实际情况相对比较复杂，判定哪些单位是立档单位，哪些单位的档案能够构成一个独立全宗，其主要标志是看这几个条件：可以独立地行使职权，并能主要以自己的名义对外单独行文；有专门的管理人事的机构或人员，并有一定的人事任免权；有独立的预决算，有单独管理财务的机构或会计人员。这三个条件是相互联系、相互制约的。在实际应用时，应以判定能否独立行使职权为中心，全面地分析研究有关单位职权的法规性、领导性文件和实际活动，合理判定立档单位。

（2）人物全宗

人物全宗又称"个人全宗"。一般是指对社会有突出贡献或重要影响的个人在其一生活动中形成的档案整体。历史上一些著名的家庭、家族所形成的档案，也属于人物全宗的类型，形成人物全宗的个人、家庭、家族，也是立档单位。

个人全宗内的文件材料应包括：该个人自己形成的有关文件材料，如著作的原稿、手稿、书信、日记、笔记、遗书、遗嘱；有关人士撰写与收集地与该个人有关的文件材料，如回忆录的手稿与印本，该个人的录音带、录像带、照片、签字材料；该个人的亲属，特别是直系亲属形成的，能够说明立档单位历史情况的文件材料。

这些人物大多在某个单位担任过一定的职务，在具体处理个人档案与公务档案的归属时，要慎重处理，应分清各自的重点，尽可能避免两种档案的交叉。个人在从事各种公务活动中所形成的文件材料，一般不应收入人物全宗，而应当作为有关组织全宗的一个组成部分。

3. 全宗的补充形式

全宗主要分为常规全宗和特殊形式的全宗两种类型。常规全宗即一般情况下的独立全宗。在难以区分或不便区分独立全宗的情况下，则采取全宗的特殊形式，即补充形式。全宗的特殊形式主要分为联合全宗、全宗汇集和档案汇集等三种。其中，独立全宗只有一个立档单位，是大量存在的，而全宗的补充形式一般都有两个以上的立档单位。

（1）联合全宗。在某些特殊情况下，若干互有联系的独立单位形成的档案，因难以区分而作为一个全宗统一的管理，这就是联合全宗。它通常在以下两种情况下出现：一是前后有密切继承关系的机关，由于工作联系紧密，各自形成的文件已经混杂在一起，成为档案"连体"，难以分开；二是合署办公或职能联系紧密的单位，彼此的文件混杂在一起，无法区分。在这两种情况下，可以把这两个或两个以上立档单位形成的档案组合为一个全宗进行管理。联合全宗虽然是由两个以上立档单位形成的，但它们的档案则被看作同一个全宗内的档案，编一个全宗号，按一个全宗整理和保管，全宗名称应列出联合的立档单位名称。

（2）全宗汇集。全宗汇集又称汇集全宗，是指若干个性质相近、档案数量极少的独立全宗，因管理不便而按一定特征组合起来的管理形式，具体有两种形式：一种是档案馆接收的若干基层单位的全宗，由于形成档案数量不多，而组合在一起的集合体；一种是由于一些全宗内的档案残缺不全且数量少，从而构成的小全宗集合体，如历史档案。在具体采用这种形式时必须注意，由于全宗汇集是一种人为的行为，所以立档单位的工作性质必须是相近的或具有某种历史联系；汇集全宗在管理中虽然作为一个全宗对待，只给一个全宗号，但内部的档案分类及排列，必须按不同的立档单位相互区别开，不能混淆，便于以后发现其中某一全宗的大量档案时，可以从全宗汇集中分离出来，建立单独全宗。全宗名称可以用一个概括性的名称。

（3）档案汇集。档案汇集，是由若干所属全宗不明的，或所属全宗不复存在的零散的档案汇集而成的一种全宗补充形式。档案汇集的形成原因是档案不知所属全宗，但只要考证出档案所属全宗，就随时可以将该份档案文件回归所属全宗。

全宗的补充形式具有较大的人为性，在实际工作中不能随意乱用，只有在不能使用独立全宗的管理模式时才使用。但是，一经采用，就必须在管理上与其他全宗同等看待，即编一个全宗号、统一排列、统一管理。

（二）立档单位与全宗历史考证

立档单位与全宗历史考证，是一种对立档单位及其档案基本情况进行反映和说明的文字材料。一般由"立档单位沿革"和"全宗状况"两部分组成。

1. 立档单位沿革

立档单位沿革一般包括：立档单位成立的时间和原因，立档单位的名称及变化；立档单位的基本性质、职能、职权范围，隶属关系及变化；立档单位的主要活动情况，如活动地点、内容；历届主要领导及内部组织机构主要负责人的姓名与任期、内部机构设置及演变；文书工作制度及其变化情况，文书工作中使用的各种公章及文书处理戳记等；立档单位撤销的时间、原因，继承或兼并单位的名称。

2. 全宗状况

（1）全宗现状。全宗现状包括档案的来源、内容和载体的概况，档案的数量及所属的年代，档案的利用价值，进馆后档案的整理鉴定、利用情况等。

（2）全宗的历史状况。全宗的历史状况包括档案进馆（室）前的保管单位和保管条件，档案馆（室）接收档案的时间和原因，该全宗档案过去是否经过整理、鉴定，档案是否曾受损或被销毁等。

这些内容以文字表述为主，必要时可采用图表结合文字的方式，如领导姓名一览表，内部组织机构设置与关系图。立档单位和全宗历史考证，一般由档案室负责撰写，整理过程中不断修改补充，全宗整理结束后，存入"全宗卷"内，在档案移交档案馆时一同移交。

第二节　档案的检索与编研

一、档案的检索

（一）档案检索工作的主要内容

档案检索是指对档案信息进行加工和存储，并根据需要进行查找的工作。它是档案提供利用工作的基础和前提条件，是开发档案信息资源的必要条件。

档案检索包括档案信息存储和检查两方面的工作内容。档案信息存储是将档案中具有检索意义的特征标识出来，加以编排，形成检索工具或档案信息数据库的过程；档案信息查检是指利用档案检索工具或数据库搜取所需档案的过程。这两方面工作内容密切联系、不可分割，存储是检查的基础和前提，查检则是存储的目的。

（1）档案信息存储工作的主要内容。

第一，著录标引即对档案的内容和形式特征进行分析、选择和记录，将反映该件（卷）档案主题的概念借助检索语言转换成规范化的检索标识。对每件（卷）档案著录标引后形成的一条记录称为一个条目。

第二，编制检索工具即对著录标引后形成的条目加以系统排列，组成各种检索工具或输入计算机，建立机读目录和数据库。

（2）档案信息检查工作的主要内容。

第一，确定查找内容即对利用者的检索要求和范围进行分析，确定利用者所需档案的实质内容，形成概念，有时也可将这些概念借助检索语言转换成规范化的检索标识。在计算机检索中还应按实际需要把这些检索标识之间的逻辑关系表达出来，形成检索表达式。

第二，具体查找即档案人员采用各种手段把表示利用者需求的检索标识与检索工具中的检索标识进行对照比较，将符合利用者要求的条目查找出来。

（二）档案著录

档案著录是档案馆（室）编制档案检索工具时，对每份文件、每个案卷的内容和形式特征进行分析、选择和记录的过程。所谓内容特征，是指对文件或案卷主题的揭示，包括档案的题名、主题词、分类号等；所谓形式特征，是指文件或案卷的实体形式、文字表述形式、载体形态及文件的时间、责任者等有关特征①。

档案著录所遵循的方法称为著录规则。档案著录规则是在编制档案目录时，对档案的内容和形式特征进行描述以形成条目的技术规定。《档案著录规则》规定了单份或一组文件、一个或一组案卷的著录项目、著录格式、标识符号、著录用文字、著录信息源及著录项目细则。

1. 著录项目

著录项目是揭示档案内容和形式特征的记录事项。根据国家档案局颁布的《档案著录规则》的规定，需著录以下项目。

档案著录项目共分七项，每项分若干著录单元（小项）。其中有

---

①吴良勤. 信息工作与档案管理（第2版）[M]. 武汉：华中科技大学出版社，2017：120.

"＊"号者为选择著录项目或单元（小项）。

（1）题名与责任说明项：正题名、并列题名＊、副题名及说明题名文字＊、文件编号＊、责任者和附件＊。

（2）稿本与文种项：稿本＊和文种＊。

（3）密级与保管期限项：密级＊和保管期限＊。

（4）时间项。

（5）载体形态项：载体类型＊、数量及单位＊和规格＊。

（6）附注与提要项：附注＊和提要＊。

（7）排检与编号项：分类号、档案馆代号＊、档号、电子文档号、缩微号和主题词或关键词。

2.著录用标识符

（1）为识别各著录项目。

单元（小项）及其内容添加如下规定的标识符。

①"—"置于下列各著录项目之前。

稿本与文种项、密级与保管期限项、时间项、载体形态项、附注项。"＝"置于并列题名之前。

"："置于下列各著录单元之前。

副题名及说明题名文字，文件编号、文种，保管期限、数量及单位、规格。

"/"置于第一个责任者之前。

"；"置于多个文件编号之间、多个责任者之间。

"，"用于相同职责。身份省略时的责任者之间或同一责任者的不同职责、身份之间。

"＋"置于每一个附件之前。"［ ］"置于下列著录内容的两端。

自拟著录内容、文件编号中的年度、责任者省略时的"等"字。"（ ）"置于下列著录内容的两端：

责任者所属机构名称、责任者真实姓名、责任者职责或身份、外国责任者国别及姓名原文、中国责任者时代、历史档案中的朝代纪年、农历、地支代月、韵目代日转换后的公元纪年。

"？"用于不能确定的著录内容，一般与"［］"号配合使用。

②"—"用于下列著录内容之间。

日期起止和档号、电子文档号、缩微号各层次之间。

"……"用于节略内容。

"□"用于每一个残缺文字和未考证出时间的每一数字。未考证出的责任者及难以计数的残缺文字用三个"□"号。

（2）著录用标识符使用说明。

①除"题名与责任说明项、排检与编号项"外，各项目连续著录时，其前均冠"．—"。如需回行，不可省略该标识符。但各项目另起段落著录时则可省略该标识符。

②"．—"符占两格，在回行时不应拆开；"；"和"，"各占一格，前后均不再空格。

③如某个项目缺少第一个单元（小项）时，应将现位于首位的单元原规定的标识符改为"．—"。

④凡重复著录一个项目或单元时，其标识符也需重复。

⑤不著录的项目或单元，其标识符应连同该项目或单元一并省略。

3．著录的条目格式

（1）段落符号式条目格式。

分类号　　档案馆代号

档号　　电子文档号　　缩微号

正题名＝并列题名：副题名及说明题名文字：文件编号/责任者＋附件．—稿本：文种．—密级：保管期限．—时间．—载体类型：数量及单位：规格．—附注

提要

主题词或关键词

段落符号式条目格式将著录项目划分为四个段落。第一段落中分类号、档号分别置于条目左上角的第一、二行，档案馆代号、缩微号分别

置于条目右上角第一、二行，电子文档号置于第二行的中间位置。第二段落从第三行与档号齐头处依次著录题名与责任说明项、稿本与文种项、密级与保管期限项、时间项、载体形态项、附注项，回行时，齐头著录。第三段落另起一行空两格著录提要，回行时与一、二段落对齐。

（2）表格式条目格式要求：实际工作需要使用表格式条目时，其著录项目应与段落符号式条目相同，其排列顺序可参照段落符号式条目的排列顺序。

（3）无论著录对象为单份文件、单个案卷还是一组文件或一组案卷，均按上述格式依次著录。

（4）著录条目的形式为卡片式时，卡片尺寸一般为 12.5 cm×7.5 cm，著录时卡片四周均应留 1 cm 的空隙，如卡片正面著录不完，可接背面连续著录。

4. 著录用文字要求

（1）著录用文字必须规范化。

（2）汉字应使用规范化的简化汉字。外文与少数民族文字应依照其文字规则书写。

（3）文件编号项、时间项、载体形态项、排检与编号项中的数字应使用阿拉伯数字。

（4）图形及符号应照录，无法照录的可改为其他形式的相应内容，并加"〔〕"号。

5. 著录信息源要求

（1）著录信息来源于被著录的档案。

（2）单份或一组文件著录时主要依据文头、文尾。

（3）一个或一组案卷著录时主要依据案卷封面、卷内文件目录、备考表等。

（4）被著录档案本身信息不足时，可参考其他相关的档案资料。

（三）档案标引

档案标引是指对文件或案卷进行主题分析，把自然语言转换成规范化检索语言的过程，即对主题分析的结果给予检索标识的过程。基于文件或案卷以分类号标识的过程称为分类标引；基于文件或案卷以主题词标识的过程称为主题标引。

1. 主题标引

为保证档案主题标引的准确性和一致性，提高标引工作的质量和检索效率，国家特制定档案主题标引规则这项国家标准，本标准规定了档案主题分析方法和依据《中国档案主题词表》及各种专业档案主题词表进行档案主题词标引的方法。

（1）主题分析。

主题分析是主题标引的基础，通过对档案的内容特征进行分析，准确提炼和选定主题概念。

①审读档案。通过审读档案，了解和判断档案所反映的中心内容和其他主题因素。

阅读题名：文件和案卷的题名是对档案内容的概括。在题名准确反映档案中心内容的情况下，阅读题名是分析、提炼主题的一条捷径，但题名不能作为提炼主题概念唯一的依据。

浏览全文：在档案无题名或题名不能全面、准确地反映档案主题时应浏览全文。浏览全文应注重了解题名未能反映的主题和深层次主题，发掘隐含主题。浏览全文重点是阅读全文的开头、结束语、段落题名，必要时阅读批语、摘要、简介、目次、图表、备考表等内容。

②确定主题类型。主题的类型可以分为单主题和多主题两种。单主题包括单元主题和复合主题（即多元主题），多主题则由几个单主题组成。

③分析主题结构。任何主题都是由一定的主题因素构成的。构成主题的因素一般可以分解为：主体因素、通用因素、位置因素、时间因素、文种因素。主题因素分为五种：主体因素（即反映文件主题内容的关键性概念）、通用因素（即对主体因素起补充和限定作用的通用概念）、位置因素（即文件所记述对象的空间和地理位置概念）、时间因素

（即文件所论述对象存在的时间概念）、文件类型因素（即文件类型和形式方面的概念）。

在档案标引中，主体因素是最重要的，必须标出，其他因素酌情标引。

④主题概念的选定。在审读档案题名或全文的基础上，提炼选定出一个或若干个表达档案主题的自然语言主题概念。选定主题概念的原则如下。

第一，选定的主题概念应是档案中论述的问题。

第二，选定的主题概念应具有实际检索意义。

第三，选定的主题概念应能全面、准确地表达档案主题。

（2）选词标引。

选词标引是对档案主题分析出的概念给予主题词标识的过程。

①在主题分析中选出的主题概念，应转化成档案主题词表中的主题词（正式主题词）进行标引，书写形式应与词表中的词形相一致，非正式主题词不能作为标引词使用。

②标引词应选用档案主题词表中与档案主题概念直接相对应的、专指的主题词。

③当词表中没有与档案主题概念直接相对应的专指主题词时，应选用两个或两个以上的主题词进行组配标引。

第一，组配应是概念组配。概念组配包括以下两种类型：一种是交叉组配，即同级词组配，指用两个或两个以上具有概念交叉关系的同级主题词组配表达其相应的下位概念。例如：《关于组建钢铁联合企业的通知》，用"钢铁企业"和"联合企业"两个具有交叉概念的主题词组配标引，来表达"钢铁联合企业"这一专指概念。另一种是方面组配，即限定组配，指由一个表示事物的主题词，与另外一个或几个表示事物某种属性或某个方面的主题词组配表达相应的下位概念。例如：《高考制度改革方案》，用"高考"和"规章"来限定"教育改革"，从而表达了"高考制度改革"这一专指概念。

第二，组配标引时，优先考虑交叉组配，然后考虑方面组配。

第三，应选用与档案主题概念关系最密切、最临近的主题词进行组配，不能越级组配，即不能用其上位或下位主题词组配。如《高考制度改革方案》标引词中，只能用"教育改革"，而不能用其上位词"改革"或其下位词"教学改革"进行组配。

第四，组配结果所表达的概念应清楚、确切，只能表达一个主题概念。

第五，为了避免多主题虚假组配造成误检，可以加联系符号区分每个问题。其做法是：在主题词后用数字1.2.3.……表示分组符号，数字相同的主题词是一组相关联的组配概念。数字中的"0"，称为共同联号，表示该主题词可以和该档案中标引的任何一个主题词进行组配。例如：《关于安阳县棉花播种与玉米田间管理的情况报告》标引为"棉花1""播种1""玉米2""田间管理2""安阳县0"。

第六，当某一主题概念在词表中有组代主题词（先组复合词）时，应选用规定的组代主题词，不应另选其他主题词进行组配标引。

④当某一主题概念在词表中查不到专指的主题词，也无法通过组配标引来表达该主题概念时，可以采用靠词标引。靠词标引有以下两种：

第一，用上位概念主题词进行靠词标引。依据索引选用最直接的上位概念主题词进行标引，不应使用越级上位主题词标引。

第二，用近义词进行靠词标引。依据范畴索引选用与主题概念含义最相近的主题词进行标引。

⑤关键词标引又称增词标引。关键词是主题词表以外的、未经规范化处理的自然语言词。使用关键词标引应严格控制。

第一，下述情况可以采用关键词标引：一是某些概念采用组配其结果出现多义时；二是某些概念虽可以采用靠词标引，但当这些概念的被标引频率较高时；三是词表中明显漏选的词，包括词表中未收录的地名、人名、机构名、产品名等专有名称；四是表达新生事物的词。

第二，关键词应尽可能选自其他词表或较权威的参考书、工具书，选用的关键词应达到词形简练、概念明确，实用性强。

第三，使用关键词标引后，应有记录，并反馈到所用档案主题词表的管理部门。

⑥一个标引对象，标引用词一般有 2～10 个。

2. 分类标引

为了正确进行档案分类标引，选用恰当的标识表达档案文献的主题，保证档案分类标引的质量，提高检索效果，实现档案资源共享，国家特制定了档案分类标引规则。本规则适用于各级各类档案馆（室）使用《中国档案分类法》对所藏各种类型的档案进行分类标引。

（1）分类标引基本规则。

①档案分类标引的依据是以国家机构、社会组织从事社会实践活动的职能分工为基础，结合档案记述和反映的事物属性关系，并兼顾档案的其他特征。分类标引时，应对档案文件进行周密的主题分析，把握所论述的对象，准确地给予分类标识。

②档案分类标引应依据《中国档案分类法》及其使用指南。

③档案分类标引时，要正确地理解类目含义和范围，避免脱离类目之间的联系和类目注释的限定片面地理解类目含义。

④档案分类标引应充分考虑实际的检索需求和检索方式，根据档案的具体内容和用途，选定适当的标引深度。凡一份文件或案卷涉及两个或两个以上的主题者，除按第一主题或最重要的主题标出确切的分类号外，必要时可对其他主题附加相应的分类号。

⑤档案分类标引必须按专指性的要求，分入恰当的类目，切不可分入较宽的上位类或较窄的下位类。当分类表中无恰当的类目时，可分为范围较大的类目（上位类）或与档案内容密切相关的类目。

⑥档案分类标引应保持一致性。各种文本、载体类型的同一主题档案所标引的分类号均应一致。遇有某些难以分类和分类表上无恰当类目可归的档案，无论归入上位类或归入与其密切相关的类目，以及增设类目，都应作出记录，以后遇有类似情况，均按此处理。

（2）各种主题档案分类标引规则。

如前所述，主题的类型依据档案内容可分为单主题和多主题两种。

①单主题档案的分类标引。

单主题文件或案卷，一般依主题主体因素所属的类目标引，若是从一个方面对主题进行论述，就依这方面所属类目标引；若是从多方面对主题进行论述，一般只依主题所属类目作整体标引。

文件或案卷论述的主题内容互相交叉时应依据《中国档案分类法》关于集中与分散的有关规定进行标引。需要、参考价值大小以及各主题间的逻辑关系，加以综合分析，再确定给予一个或几个分类号。

文件、案卷论述的几个主题之间是并列关系，参考价值大，除对第一主题按上述文件或案卷论述的主题涉及国家、地区、民族、时代等因素时，若《中国档案分类法》中注明需要复分则应标出复分号，否则可以省略。

②多主题档案的标引。

第一，文件、案卷论述的是两个以上的主题，标引时除应充分考虑利用者的检索属性给予分类号外，第二、第三主题也应按其属性给予分类号，以便充分揭示主题，为利用者提供更多的检索途径。

第二，文件、案卷论述的几个主题之间是从属关系，即上下位关系或整体与部分关系，一般依它们的上位类目作整体标引，若较小主题具有检索价值，也可依小主题的所属类目作互见标引。

第三，文件、案卷论述的几个主题之间是因果或影响关系，一般依结果或受影响的主题所属类目标引。对于互为因果的、互相影响的主题做全面标引。

第四，文件、案卷论述的几个主题之间，一个主题应用于多个主题，一般依被应用主题所属类目标引。必要时可以对其他主题附加相应的分类号。

（3）档案分类标引工作程序。

①研读分类法。

标引人员在标引工作开始时，应系统研读《中国档案分类法》的编制说明、主表、附表，了解该法的编制目的、适用范围、分类原则、体系结构、标识符号、类目注释，辨清上位类、同位类、下位类、理论与应用等关系，深入透彻地掌握其使用方法。

②档案主题分析。

标引人员应充分考虑立档单位的性质、职能和任务，通过分析题名、浏览正文、参考文件版头和案卷封面，从而了解档案的中心内容和涉及的主要问题，判明其属性特征，以便正确归类。

分析题名文件和案卷的题名是责任者或立卷人对档案内容的概括，在题名准确反映档案的中心内容的情况下，分析题名能直观地把握档案的主题。但有些文件、案卷的题名，由于拟写上的缺陷，不能准确地、直接地揭示主题内容，所以不能作为分类标引的唯一依据，还应浏览正文。

浏览正文通过分析题名不能确定档案的确切内容和类别时，应浏览文件、案卷的正文。重点阅读文头、文尾、段落题名，了解作者的撰写的目的和意图，从而确定档案内容论述或涉及的主题。

查阅文件版头和案卷封面，党、政机关行文都有固定的文件版头，标明发文机关的全称或通用简称、发文字号，文尾有发文机关、抄送机关、成文日期、盖印与签署。此外，附加标记有密级、缓急时限、阅读范围等。案卷封面上有机关全称和组织机构名称、案卷题名、年度日期、保管期限、档号及卷内目录、卷末备考表等。它对于了解文件、案卷的主题、起草目的、利用范围、使用价值等，都能提供一定的参考。

③判定类别。

进行主题分析后，须确定文件、案卷所论述的事物中，哪些主题应予以标引，能为利用者提供检索途径。然后根据主题性质，到《中国档案分类法》中查找其所属的类目。

④标引分类号。

标引分类号是用《中国档案分类法》中的类号来表达档案主题性质的标引过程，也就是将判定的类别赋予分类标识。给予分类号，应根据文件、案卷内容的属性、主题多寡、起草意图、利用对象、检索需求等特点，采用恰当的方式和方法，准确、一致、适度地标引出来。遇到难以分类的新事物、新主题的档案材料，分类表上无确切类目可归时，各档案馆（室）可增设新类目予以分类标引，同时上报《中国档案分类法》编委会确认。今后若遇到同类主题的文件、案卷亦照此办理，确保一致性。

⑤审校。

审校是分类标引的最后一道工序，是确保标引质量的最后关口。审校内容包括检查验证档案的内容是否得到全面的分析，主题概念是否准确、恰当，辨类是否准确，同类档案是否归类一致，标引的类号是否充分、完整、准确，书写是否正确无误。

（四）档案检索工具

1. 档案检索工具及其作用表现

档案检索工具是用以揭示档案馆（室）档案的内容和成分，报道和查找档案材料的工具。它是进行档案科学管理和资源开发利用的重要手段。

档案检索工具的基本职能表现在存储和查找两个方面。存储是对文件或案卷的内容和形式特征进行著录和标引，按照一定的格式组织成条目，以一定的顺序加以排列或进行客观的描述，以二次文献或三次文献的形式将档案信息集中起来。查找是指能提供一定的查询手段，在存储好的档案信息集合中找出利用者需要的档案材料。

档案检索工具的具体作用表现在以下几个方面。

第一，档案检索工具是揭示档案馆（室）藏和利用档案的重要手段。档案检索工具对已入馆（室）档案的信息进行加工和形态上的转换，便于人们从数量庞大的档案中，及时、准确地提取和输出所需要的档案信息。

第二，档案检索工具是开展档案业务工作必不可少的工具。档案检索工具记录了档案重要的内容和形式特征，档案人员可以通过它概要了解馆（室）藏档案的内容、形式、数量等情况，为档案业务工作提供了一定的依据。

第三，档案检索工具是报道馆藏和馆际交流的重要工具。档案检索工具存储了大量档案信息，它不仅可以提供查询，同时也可以成为档案馆（室）与利用者，档案馆（室）与档案馆（室）之间的交流工具。利用者和其他档案管理部门借助于它即可概要地了解馆藏档案的内容、价值等信息。

2．档案检索工具的种类划分

档案馆（室）为了适应利用者对档案的多种类、多角度的需求，常常需要编制多种类型的检索工具。从不同的角度，用不同的标准，可以对档案检索工具进行不同的种类划分。

（1）从编制方法上划分：①目录。目录是将档案的著录条目按照一定次序编排的一种揭示、识别和检索档案材料的工具。②索引。索引是将档案中的某一内部或外部特征及其出处按一定次序编排而成的检索工具。③指南。指南是以文章叙述的体例，综合介绍档案情况的一种书面材料或工具书。如档案馆指南、档案室指南、全宗指南等。

（2）从作用上划分：①查找性检索工具。查找性检索工具是为了解决从不同角度检索档案而编制的，从档案的某一内容或形式特征提供检索途径的检索工具。它是对外服务和馆（室）内查找档案的重要手段。如全宗文件目录、分类目录、专题目录、主题目录、人名目录等。②报道性检索工具。报道性检索工具又称介绍性检索工具，是为了报道和介绍馆藏档案内容及有关情况，开展馆际交流而编制的检索工具。如档案馆指南、档案室指南、全宗指南等。③馆藏性检索工具。馆藏性检索工具是档案馆（室）收藏档案的总清册，是反映档案分类整理和排架顺序的检索工具。

（3）从载体形式上划分：①卡片式检索工具。卡片式检索工具是将一个条目著录于一张卡片，将卡片按一定顺序排列而成的检索工具。其优点是具有较大的灵活性，便于增减条目和调整条目之间的顺序；一种卡片目录放在若干地方，可供多人同时查阅。其主要缺点是体大量多，不便管理、传递和交流；查阅时需逐片翻阅，费时较多。②书本式检索工具。书本式检索工具是将著录条目逐条登录并装订成册的检索工具。

其优点是体积较小，便于管理，编排紧凑，便于阅读，可印刷出版，便于传递、携带和交流。缺点是因其装订成册，体系固定，缺乏灵活性，不便于增减条目和调整条目之间的顺序。③活页式检索工具。活页式检索工具是介于卡片式和书本式检索工具之间的一种检索工具。每一页记录若干份同类文件或案卷的特征，一页著录不完接下页，再将著录好的活页按序装入书夹。其优点是比较灵活，能随意增减，随时撤换。④缩微式检索工具。缩微式检索工具是以缩微摄影方式制作的以胶片为载体的检索工具，手工检索时使用缩微阅读器放大阅读，也可用于计算机检索。其主要优点是密集存储、节约空间；体积小，便于交流，便于复制。缩微式检索工具是在书本式或卡片式检索工具的基础上形成的，而且需要具备一定的拍摄和阅读条件才能制作和使用。⑤机读式检索工具。机读式检索工具是以磁性材料为载体的供计算机识别的检索工具。它将档案的内容和形式特征以特定的编码形式和特定的结构记录存储在计算机的磁鼓、磁盘、磁带上，使用时可以用荧光屏显示，也可以打印出文字目录。机读式检索工具的主要优点是存储密度高，检索扫描速度快，可进行多途径检索。但是前期处理和输入工作量大，检索费用较高。

3. 理想的档案检索工具

理想的档案检索工具必须以档案信息存储丰富、检索及时准确、方便实用和标准规范为标准。

第一，档案检索工具信息存储要丰富。信息存储丰富是指存储的档案内容要全，项目著录要详细，标引要有深度。在编制检索工具时，凡是本馆（室）有用的档案信息都要存储进去，以满足利用者对档案信息的多种需求，更好地发挥档案的作用。著录项目应尽可能完备，不仅著录作者、时间、文本、保管期限等易见的外形特征，还要具体描述档案的主题内容，为利用者提供丰富的信息。标引要有一定的深度，对每份文件或案卷的主题内容，应该用几个或更多的主题词和分类号来标识，以增加从不同角度获取档案信息的途径。

第二，检索要准确及时。档案检索的质量和效率主要体现在检索的准确性和时效性两个方面。准确，是要求通过检索工具和手段为利用者提供所需要的档案，既要查全，又要查准，把漏检和误检率降至最低程度。这就要求编制检索工具时，对文件或案卷内容和形式特征的著录和标引无差错，检索途径充分，排列系统科学。及时，是指在一定时限内迅速提供档案为利用者服务。这就要求检索工具必须种类适当、组织合理、排列有序，使档案人员面对堆积如山的档案，能够及时、迅速地查找到利用者所需的全部档案。

第三，检索要方便实用。使用方便、实用性强是检验档案检索工具质量高低的标准之一。档案检索工具的使用具有高频率和广泛性的特点，这就要求其项目设置要实用，文字要简洁，排检方法要科学，易于掌握，便于利用。

第四，档案检索工具要实现标准化、规范化。检索工具的标准化、规范化是指在编制检索工具时，对其规格、著录方法、标引方法、编写体例等方面的统一规定。如果各馆（室）编制档案检索工具时各行其是，规格式样不统一，著录标引方法不科学、不规范，不仅造成人力和物力的浪费，而且给档案的科学管理和开发利用、馆际交流，以及实现手工检索向计算机检索过渡等，都会带来极大的困难和障碍。因此，编制检索工具应严格遵守各种相关的国家标准，努力实现其标准化、规范化的要求。

4. 常用档案检索工具的编制

（1）案卷目录的编制。

案卷目录是以案卷为单位，按照档案整理顺序组织起来的档案检索工具，它是档案馆（室）最基本的、使用最为频繁的一种检索工具。它既是馆藏性的检索工具，又是检查性的检索工具。

一个全宗内的全部档案，经过分类、立卷、系统排列后，应将案卷逐个登记下来，形成案卷目录。案卷目录即案卷的名册，是著录案卷内容和形式特征并按一定次序编排的表册。

案卷目录具有以下作用。

第一，固定和反映档案的整理和排架顺序。

第二，可作为保管档案和统计案卷数量的主要依据。

第三，它是按照立档单位整理体系查询档案的基本检索工具。

案卷目录的组织方法通常和本机关的档案分类体系相一致。如采用年度—组织机构分类法的机关，可按照保管期限—年度—组织机构的体系编制案卷目录，即首先将不同保管期限分开，在每一种保管期限中按年度集中案卷条目，每个年度中的案卷条目按组织机构顺序排列。采用组织机构—年度分类法的机关，则可按照保管期限—组织机构—年度的体系编制案卷目录。编制案卷目录，应以全宗为单位进行。

案卷目录的结构主要包括以下几个组成部分。

①封面和扉页。其项目包括：档案馆（室）名称、全宗号及案卷号、全宗名称及类别名称和目录中档案的起止日期。

②目次。目次即案卷所属类目的索引。根据全宗内案卷的分类排列情况，分别写明案卷分类目的名称及所在页码，也可包括案卷的起止号。

③序言或说明序言中应说明使用案卷目录和利用档案时需要了解的有关情况。如目录的结构、编制方法、立档单位、全宗简史、全宗内档案的完整程度等。

④简称表。简称表就是将案卷目录中使用的名词简称与其全称列为对照表，以便利用和查对。简称表可独立编写，也可纳入序言之中。

⑤案卷目录表。这是案卷目录的主体部分。

⑥备考表。备考表附在案卷目录之后，总结性地记载案卷目录的基本情况，包括目录所登记的案卷数量和案卷长度（m），案卷目录的页数，编制日期及其他必要的说明，编制者签名或盖章。

案卷目录上述组成部分填写完毕后，应该加上封皮和封底，并装订成册。案卷目录应一式三份，其中一份供日常使用，一份保存，一份随档案移交。

（2）分类目录。

分类目录是按照体系分类法的基本原理，将档案主题按《中国档案分类法》的逻辑体系组织起来的检索工具。它的主要特点是系统性和集中性强，把内容性质相同的档案信息内容组织到一起，便于检索，使利用者获得有关某类专题的全部材料。

分类目录一般采用卡片式，其编制方法大体如下。

①填制卡片制卡时应根据《档案著录规则》的有关规定和档案标引的有关要求进行。一般是一文一卡或一卷一卡。由于分类目录是以分类号为排检项，制卡时要特别注意分类标引的准确性，当一件（卷）档案需要标引多个分类号时，应该对该档案分别填写多张卡片。

②排列卡片排列时应按分类号的顺序逐级集中卡片。具体排法是，先按字母顺序排，同一字母的卡片集中排放在一起，然后再逐级按阿拉伯数字的大小排列，类目顺序应与分类表相一致。在同一类目内卡片的排列顺序有多种方法，如按年度、按时间、按责任者等进行排序，但在一个档案馆（室）应保持一致。需要向档案馆移交档案的机关最好能与档案馆分类目录的排列顺序相一致。

当一件（卷）档案标引一个分类时，只要按其分类号排在相应的位置即可。当一件（卷）档案标引两个以上分类，或采用分类号组配形式标引档案时，需要将每一个分类号轮排到前边一次，并排入居于首位的分类号相应的类目之中，也就是说一件（卷）档案标引了几个分类号，就需要填制几张卡片，该件（卷）档案在分类目录中就占有几个位置，这样从该件（卷）档案的每一个主题入手均可查到该件（卷）档案。

③安放导卡分类卡片排列完毕之后，需要在类与类之间安放导卡，便于检索者迅速准确地查到所需档案卡片。

（3）案卷文件目录。

案卷文件目录也称"全引目录"或"卷内文件目录汇编"。它是将全宗或全宗内的某一部分案卷目录和卷内文件目录合二为一、汇编而成的一种检索工具。案卷文件目录的格式大体有两种：一种是将一定数量（如一个年度、一个组织机构）的案卷目录放在前面，后面依案卷条目顺序依次附上卷内文件目录；另一种是以案卷为单位，在每个案卷条目下附上该卷的卷内文件目录。

（4）专题目录。

专题目录是以卡片形式系统揭示档案馆（室）某一专门题目的档案内容和成分的一种检索工具。它按照一定题目，把同一主题内容的二次文献组合在一起编制而成，符合按专题利用档案的规律和特点。

专题目录的编制方法如下：

第一，选题。选题是专题目录编制的重要环节，选题的正确与否直接关系到专题目录的利用价值。选题既要考虑到党和国家各项工作的需要，又要考虑馆（室）藏基础。

第二，制订计划。计划内容包括：题目名称，题目所包含的问题，分类方案，题目所包括的年限和涉及的地区，查找档案所涉及的全宗和全宗的哪些部分，选择材料的标准，工作步骤，人员分工，完成时间等。

第三，选材。选材时量材尺度要统一，应挑选出最能反映专题本质、有科学意义和实际价值的档案材料。

第四，填制卡片。填卡一般与选材结合进行。制卡的著录单位可一文一卡，相同内容的文件亦可一卡多文，多主题的文件可一文多卡，内容单一的案卷也可一卷一卡。卡片的项目一般包括专题名称、类、项、目、责任者、时间、档号、文件内容与成分简介。

第五，卡片的分类和排列。分类一般是以文件的内容来划分。排列方法比较常见的有两种：一种是按类—项—目—年度—重要程度排列；另一种是按类— 项—目—问题—时间的顺序排列。

（5）人名索引。

人名索引是揭示档案中所涉及的人物并指明其出处的检索工具。人名索引一般由人名和档号两部分组成。利用者借助人名索引，可以查到记载某一人物的材料。

人名索引从体例上可分为综合性人名索引和专题性人名索引两种。综合性人名索引是将档案中所涉及的人名都编成索引；专题性人名索引是根据所列专题范围（如任免、奖惩等），对涉及该专题的人名编制索引。

人名索引一般按姓氏笔画、汉语拼音字母顺序或四角号码等方法排列。

（6）档案室指南。

档案室指南是全面、系统介绍机关档案室及其收藏档案情况的工具书，又称档案室介绍。档案室指南一般包括两部分内容：一是档案室概况。档案室概况包括档案室成立时间、隶属关系、设备状况、人员条件、服务范围、利用手续、规章制度等。二是室藏档案情况介绍。室藏档案情况一般以类为单位逐一介绍，如档案数量、内容与成分、完整程度、利用价值等。

（7）档案馆指南。

档案馆指南是以文章叙述形式概要介绍档案馆及其馆藏档案情况的工具书，又称档案馆介绍。

档案馆指南的内容及结构主要包括：说明或序言、档案馆概况、馆藏档案概况、馆藏档案介绍、馆藏资料介绍、索引和目录等。

说明或序言：说明或序言一般置于正文之前。它应说明编写指南的目的和意义、体系结构、材料排列顺序、使用方法及编著的简要过程。还应该要指明馆藏档案资料的利用价值，以引起利用者的重视。

档案馆概况：档案馆概况包括档案馆的历史沿革、隶属关系、性质与职能、内部机构设置、历任馆长姓名、馆内布局、开放时间、利用手续、规章制度，服务设施等。

馆藏档案概况：馆藏档案概况需要介绍如馆藏的特点、种类、数量、时间、来源、档案的整理和鉴定、保管、统计、检索、提供利用等情况。

馆藏档案介绍：这是档案馆指南的主体和核心部分。一般是以全宗为单位进行介绍，如全宗名称、全宗号、档案数量、起止时间、档案内容和成分简介等。其中，全宗内档案内容和成分简介既要简明扼要，又要能客观地揭示档案的内容和成分。

馆藏资料概况：馆藏资料概况介绍资料的来源、种类、数量、名称、内容、分类整理方法等。

索引和附录：索引和附录包括以下三方面的内容：①关于利用档案的有关规章制度，如查阅档案、资料的办法，开放档案的办法等。②指南中有关的机构名称、人名和地名的索引或简称表等。③其他图表、照片等必要的辅助材料。

5. 档案计算机检索

目前，档案检索正逐步从传统的手工检索向计算机检索过渡，计算机检索代表了档案检索的发展趋势。

（1）计算机检索结构的设计要求。

对计算机检索结构的设计要求主要是对软件系统的设计要求。软件系统应具有以下特点：一是先进性。先进性即设计出的软件系统有较先进的技术含量，保证系统不被轻易淘汰。二是标准性。标准性是指应根据一定的统一标准设计有关系统。这样，在检索时就可尽量减少人为原因而引起的误差。如在设计企业档案软件时，可根据《档案著录规则》的相关规则来设计，这样各种档案都能以相同的著录标准进行著录，这样做不仅能方便用户检索，而且也可促进信息间的交流。三是完备性。完备性是指检索系统应具有完善的多种功能。例如，检索系统应提供多种检索途径，如主题词、责任者、分类号等；还应能根据用户的需求，提供多种显示和输出方式。四是简易性。软件应易学易用，最大限度地减少用户的人工干预和简化管理人员及用户的操作程序，从而节约人力物力，提高检索效率。

（2）计算机检索的过程。

计算机检索与手工检索的原理是一样的，也是由存储和查检两部分组成，在计算机检索中通常称为输入和输出。在输入阶段，要把反映档案的内容和形式特征的著录项目录入计算机，存入数据库并根据检索需要建立相应的倒排文档。在输出阶段，要根据利用者的提问编制恰当的检索策略，形成检索表达式，并将其输入计算机，在数据库中查找后将结果输出。

计算机检索的具体过程大致分为以下几个步骤：

第一，分析检索的主题，明确检索目的和要求。分析检索的主题，明确检索目的和要求即要确切了解所要查询的目的和要求，确定需要的信息类型（全文、摘要、名录等，文本、图像、声音）、查询方式（浏览、分类检索、关键词检索）、查询范围（所有网页、标题、新闻组文章、FTP、软件、中文、外文）、查询时间（所有年份、最近几年、最近几周、最近几天、当天）等。不同目的的检索应使用不同的查询策略，不同的查询策略会产生不同的检索结果。尽可能多地了解检索目标，不仅能帮助用户确定所需要的信息类型、查询方式、查询范围、查询时间及采用何种限制条件，而且能更好地理解查询结果，并准确地捕捉到它。

第二，选择合适的检索工具。检索工具选择得当与否，直接影响到信息检索的效率和质量。根据课题分析所确定的范围，选择自己熟悉、没有语言障碍、收录全面、报道及时和附录索引完整的检索工具。

第三，对信息需求进行概念分析。为了准确表达用户所需信息的主题，需要确定其概念和检索标识，选择能代表各概念层面的检索项，从而把主题概念转换成适合系统的检索标识，完成用户信息需求由概念表达到计算机系统所能进行的检索标识表达的转换。

第四，制定检索表达式。检索表达式是检索策略的具体体现，是用来表达用户信息需求的逻辑表达式，由检索词和各种算符组配形成。具体操作步骤包括提取检索词、组配检索词、调整检索式。

提取检索词：检索词是构成检索策略的基本元素，同时也是进行逻辑组配和编写提问检索式的最小单位，它可以是反映文献内容特征的主题词、自由词等，也可以是仅反映文献信息外表特征的篇名、著者等。检索时，应根据课题或所需信息的主题名称及描述语句，经过切分、删除、替换、增加等步骤来提取检索词。一是切分。切分就是以词为单位进行划分，其结果是句子或词组。切分需要彻底，做到"到词为止"，但又必须是表达一件事物的完整名称，例如："雨伞"可切分为"雨｜伞"，"计算机管理系统"可切分为"计算机｜管理系统"，不能切分成"计算｜机｜管理｜系统"。切分后，所要检索的课题就转换成词的集合，但必用的核心词往往很少，多数的是限定词。二是删除。第一，要删除没有检索意义的词，如虚词，包括介词、连词、助词、副词等；第二，删除过分宽泛和过分具体的限定词。第三，删除存在蕴含关系的可合并的词，所谓蕴含关系的合并词，是指在一个词里内在地含有另外一个词的含义。三是替换。如果遇到用户在检索要求中使用的词不清楚或含义模糊时，可以使用概念替换法，引入更加明确具体的词替代原有的词。替换的方法可以使用同义词或把相关的词增加到原来的概念组中，同时保留原有词，也可以使用相应的分类号替代关键词。四是补充。对于一些由词组缩略而成的名词，可以采取与缩略相反的操作补充还原。对一些没有限定的词，如线路，既可以是电子线路，又可以是交通线路，应采用逻辑组配方法限定所需要或不需要的东西。

组配检索词：为了准确地表达检索意图，可利用系统提供的各种检索算符，把检索词进行组配，以提高检准率。不同的数据库检索系统提供的检索算符不一样，检索前，需要熟悉系统的检索算符。

调整检索式：计算机检索交互性较强，有时候检索的结果不一定理想，检索结果太多或太少的情况都有可能出现。可以通过调整检索式达到最佳的效果。当获得的检索结果太少时，需要扩大检索范围。调整检索的方法可采取：选全同义词、关键词或用分类号检索；调整位置算符，去掉专指的概念组面，取消某些过严的限制符等。当获得的检索结果太多时，需要缩小检索范围。调整检索时方法可采取：提高检索提问式的专指度，采用下位词或专指性较强的词；调整位置算符，由松变严，增加概念组面，进行 AND 运算，采用字段限制符，将检索词限定在一定的字段中。

第五，输入检索词，进行查找，检出相关资料。检索词的输入方法有：直接输入、索引中取词、复制输入、利用保存式输入。

　　直接输入：直接输入是计算机检索最常用的方法，一般是在检索框中逐次输入。在联机检索中，如果检索方式较复杂，应预先处理好检索式，以免在联机检索中增加费用。

　　索引取词：大多数计算机检索系统提供从索引中选词的功能。当不能准确判断检索用词或检索词拼写不清楚时，可从索引中取词，索引中取词更加准确。

　　复制输入：利用计算机系统提供的复制输入功能，将已有的检索方式中的某些检索词或从检索记录中复制的所需要的检索词，粘贴到检索输入框中。

　　利用保存式输入：利用计算机系统提供的保存检索式功能，把已保存的检索方式调入检索输入框中，也可对检索方式进行修改。

　　第六，分析检索结果。检索结果若不符合要求，则对检索方式进行修改，并重复第五步，直到满意为止。

二、档案的编研

(一) 全宗指南的编写

　　档案信息具有原始性和分布相对分散性，比如，反映某个问题或情况的档案可能保存在不同的文件、案卷甚至全宗当中，有时利用者要了解某一方面的情况就需要查阅大量档案。档案编研工作就是将关于某个专门问题的档案信息收集起来，然后经过选择、加工和编辑，使其成为系统说明情况的材料，集中提供给利用者使用。

　　编写档案参考资料是档案间接利用工作的重点。常用参考资料可以分为两种：一种是档案文献报道型资料，它包括全宗指南、专题指南、档案文摘等；另一种是档案文献撰述型资料，包括大事记、组织沿革等。

1. 全宗指南的主要作用

　　全宗指南又称全宗介绍，它是以本组织全宗为对象范围，以叙述的形式对立档单位及其档案的内容和成分等情况进行报道的材料，是向利用者介绍和报道全宗构成者（立档单位）及其所形成档案情况的工具书。

编写全宗指南可以为利用者检索档案提供基本线索，为实际利用全宗中的具体案卷、文件提供基本背景材料。在具体利用全宗内的某些具体案卷、文件时，如果利用者对全宗总体情况毫无所知，则往往难以理解其意义、判断其价值，难以搞清案卷之间、文件之间的关系。有了全宗指南，使利用者掌握了具体利用某些档案时应该具备的基本背景知识，从而有助于提高利用档案的效率。

2. 全宗指南的结构分析

全宗指南由封页、正文、备注三部分组成。正文部分由全宗构成者沿革、全宗内档案情况简介、全宗内档案内容与成分介绍三部分组成。

（1）封页

封页项目包括全宗指南名称、时间和全宗号。全宗指南名称由全宗构成者的名称（全称或通过简称）及全宗指南构成。例如：北京市计划委员会全宗指南。全宗内档案文件的起止年代，一般采用公元纪年表示。全宗号是指本全宗指南所对应的全宗的编号。

（2）正文

①全宗构成者沿革简介

全宗构成者沿革简介由构成者名称、时间、主要职能、隶属关系、全宗构成者主要负责人名录、内部机构设置及其各历史阶段演变情况等内容组成。

全宗构成者的名称按全称书写，通用简称书写在全称后面的圆括号内。全宗构成者所有曾用名称按时间顺序书写在全宗构成者的沿革中。

全宗构成者沿革应结合时间撰写，和下列内容有关的时间应反映在全宗构成者沿革中：①全宗构成者成立、合并、改组、更名和撤销时间。②全宗构成者内部机构的设置及重要部门的调整、增设、合并、更名、撤销时间。③全宗构成者上级主管机关变更时间。④其他所有反映全宗构成者的重要活动时间。

全宗构成者的主要职能包括全宗构成者的性质特征、职权范围和主要工作与任务。

全宗构成者的隶属关系主要指全宗构成者和其上级主管机关的组织关系和业务关系；全宗构成者和其他重要的直属下级机关的组织关系和业务关系。全宗构成者上级主管机关如有变更，也应反映在全宗构成者沿革中。全宗构成者负责人名录主要包括全宗构成者正副职负责人姓名、职务、任期时间。

全宗构成者内部机构的设置及其各历史阶段演变情况主要包括全宗构成者内部一级机构的名称；全宗构成者内部一级机构正职负责人的姓名、职务、任期时间；全宗构成者内部一级机构的主要职能；全宗构成者内部机构中重要部门的增设、调整、放大、合并、撤销情况及内部一级机构在各历史阶段的变化情况。此外，还有涉及全宗构成者的重大事件和对全宗构成者产生了重要影响的活动，以及全宗构成者改组和撤销的原因也应在这一部分介绍出来。

如果是个人全宗，应主要介绍其姓名、别名、生卒年月日、籍贯、职务、职称、主要业绩、荣誉称号及简历。

②全宗内档案情况简介

全宗内档案情况简介主要包括档案的数量及保管期限、档案的完整程度、档案的利用价值及鉴定情况、检索工具的配置情况和档案的整理情况。

③全宗内档案内容与成分介绍

全宗内档案内容与成分介绍应以文章叙述的形式，按全宗内档案的实际分类体系结合问题介绍。由于分类体系有多种形式，全宗内档案内容和成分介绍的结构也可有多种形式。如按机构，或按职能，或按专题，或按年代，或按名称等进行分类，如果有必要，类下再设项，再按类项分别对全宗内相关档案的内容和成分进行介绍。现代的综合档案室在编写全宗介绍时，往往先将全宗档案按文书档案、科技档案、专门档案分为三大部分，每部分再设类项进行介绍。全宗内档案成分的介绍一般与档案内容的介绍同步进行，即在介绍某类型档案的内容之前或之后，对这部分档案的成分予以介绍。成分介绍一般涉及档案的来源、文件的作者、档案的形式（文件名称，使用非汉字文字和非纸质载体档案的情况）及形成时间等。对档案内容的介绍，一般应首先考虑按全宗内档案的实际分类体系形成总的框架，再结合问题、重要程度、形式等进行介绍，介绍深度依据档案的重要程度和数量状况灵活掌握。在对档案的内容和成分进行介绍时，根据需要还可对档案的可靠程度和利用价值做简要评述。在这类项进行介绍之前，若有可能，最好能对整个全宗档案的内容和成分做概括的综述。

（3）备注

备注部分主要介绍本全宗指南的编制情况，有关全宗内档案的补充说明，全宗指南中需加解释的名词、事件及问题，以及全宗内档案增加、调整、遗失、销毁等说明和其他有关问题的说明。

（二）组织沿革的编写

组织沿革也叫作组织机构沿革，是以文字或图表形式系统地记述和反映某一独立组织（包括党政机关、社会团体、企事业单位）自身发展演变情况的参考资料和工具。组织沿革能够比较完整、系统地揭示各种不同类型组织的来龙去脉，具有内容的专题性和记述事实的连续性两个特点。

组织沿革着重记述和反映组织自身在组织系统方面的有关情况，如组织的成立、合并、撤销、复建的情况，组织人员编制和内部组织机构的设置情况等。组织沿革以系统地反映该组织自身发展、变化的历史过程为目的。组织沿革的主要用途是：便于查考和研究本地区、本系统、本组织的机构和人员发展变化情况；可以为档案室（馆）编写立档单位历史提供系统的材料；也可以帮助档案利用者了解立档单位的情况，人事档案的价值。

1. 组织沿革的类型

（1）机关组织沿革主要记载一个组织及其内部机构和人员的演变

情况。

（2）地区组织沿革主要记载一定行政区域或行政区域内所属党政群各级组织的设置和演变情况。

（3）专业系统组织沿革主要记载一定专业系统所属组织的设置和演变情况。

2．组织沿革的主要内容

组织沿革通常由标题、序言（编辑说明）和正文组成，根据需要可以增加目次和注释。组织沿革正文包括以下内容：

（1）组织、地区或专业系统的历史概况、行政区划、建制变更情况。

（2）组织的性质、任务、职权范围和隶属关系。

（3）组织内部组织机构的设置和人员编制的变化情况。

（4）组织领导的任免情况。

（5）组织名称的变更、印信的启用与作废、单位办公地点的迁移等情况。

3．组织沿革的编写体例

（1）编年法

编年法是按照年度记述某一组织、地区或专业系统的组织概况。采用编年法编写组织沿革时，先将材料按年度分开，然后在每个年度中再分别记述各方面的情况。

这种方法的优点是：每个年度的材料集中，自成体系，全年的情况显示清楚。其不足是：每个方面的情况分散于各年度之中，纵向脉络被切断；有些多年无变化的情况要按年度反复陈述，内容重复。

（2）系列法

系列法是以组织机构或组织建设问题为线条，形成各个系列。在编写时，首先按照系列，然后再按年度顺序，分别记述其演变的始末概况。如果按照组织机构的系列编写组织沿革，则以组织内部机构的实际设置为线条，分别记述各机构的变化情况；如果按照组织建设问题编写组织沿革，则可以分为组织体制、职能与任务、隶属关系、机构与人员编制、干部任免、印信使用等若干方面分别记述其演变情况。

这种方法的优点：能够比较系统地揭示组织、地区或专业系统内部组织机构和组织建设各方面情况的发展脉络，便于读者分项目了解组织、地区或专业系统的演变情况。其不足是：不便于显示各个阶段的组织概况，且有些组织的演变情况比较复杂，不适宜采用系列法。

（3）阶段法

阶段法是根据组织、地区或专业系统发展变化的特点，将其划分为若干历史阶段，在每个阶段中再分别记述各方面的情况。这种方法在一定程度上吸收了前两种方法的优点，使时间和系列经纬交织，能够比较清晰地反映组织的演变情况，便于读者阅读和理解。采用这种体例时，应注意根据编写对象的发展特点合理地划分阶段。

以上三种组织沿革的编写体例各有其适用情况：历史较短、规模较小、内部机构不太稳定的组织，可以考虑采用编年法；组织机构比较稳定且独立性较强的组织、地区或专业系统，可考虑采用系列法；已经具有一定发展历史的组织、地区或专业系统，可考虑采用阶段法。

4. 组织沿革编写的选材

组织沿革是对组织、地区或专业系统组织建设和发展情况进行记述的资料，在内容上必须做到全面、准确和严谨，这就需要做好材料的收集和选择工作。

组织沿革使用的材料应主要从档案中收集，而其他来源的材料则应慎重选用。有关组织、地区或专业系统组织建设方面的档案通常集中在单位的综合部门，如办公厅（室）、组织部门和人事部门，因此，上述部门可以作为收集材料的重点对象。但有时也需要从本组织其他部门或外组织的档案中收集材料作为补充。

某些通过调整而成立的新组织，其形成之初的有关文件往往保存于其前身组织中。有些情况本组织没有形成正式记载，则可以从其他材料中寻找求证，对于记载不准确、证据不足的材料，应认真考证再予收录；经考证也无法证实的情况，应加以说明。

（三）会议简介的编写

会议简介是简明扼要地记述会议过程和基本情况的参考资料。各种重要会议都可以编写会议简介，如人大、团代会、职代会、全体委员会或常委会、行政办公会、经理办公会，以及一些重要的工作会议、专业会议和学术会议等。召开会议是各组织开展工作的一种重要方式，特别是重要的会议，具有决策、指导、启迪和教育作用。为了解会议情况，查找会议文件是组织工作人员、科研人员一种常见的档案利用方式。一般来说，会议文件数量较多，常规性会议文件分别保存在不同年代中，将重要会议的基本情况编写成介绍材料，对于利用者了解会议简况，总结工作经验，查证某一问题或筹办新的会议具有很好的参考价值。因此，会议简介可帮助利用者迅速准确地查询会议情况。

1. 会议简介的主要内容

编写会议简介的材料来源主要是会议文件，包括会议通知、开幕词、报告、记录、决议、简报、闭幕词、公报、会议纪要等。会议简介的内容主要有以下几个方面。

（1）会议的名称和届次，如《××公司第一届职工代表大会简介》。

（2）会议的时间、地点及主持人。

（3）会议参加人员。对于出席会议的重要领导和来宾可标明姓名及职务；其他代表只标明人数；如果需要，可将与会人员名单作为附录附后。

（4）会议的主要议程及内容。这是会议简介的主体部分，其中应着重记述会议主要报告的题目及内容要点、会议讨论的有关问题、会议通过的决议、报告、提案等事项的名称及内容要点、选举结果等。对于选举结果，一般只标明选举出的主要领导姓名及职务，以及委员、候补委员的人数即可，需要时也可将全部选举结果以附录形式附后。

2. 会议简介编写的基本要求

（1）事实清楚、准确，无论是会议基本情况还是会议内容都不能出现重要遗漏或失实现象。

（2）会议情况介绍线条清楚，属于同类历届会议的简介应按届次顺序排列，汇集成册并编制目录。

（3）语言简练，要点突出。会议情况可以从简介绍，会议的报告和重要事项应详细一些；为避免历次会议介绍大同小异，面目相似，应注意对每次会议特色的介绍；必要时可以对会议的意义、效果做简要评价；对于专业会议，更要注意写出其专业特色。

为了写好会议简介，需要全面认真地研究有关会议的文件，尤其是会议报告、决议、简报、记录等，从中了解会议的主要精神，这样才能介绍得清楚、准确，抓住要点。

第三节 档案的鉴定与保管

一、档案鉴定

（一）档案鉴定概述

1. 档案鉴定的主要内容

档案鉴定工作包括档案的价值鉴定和档案的真伪鉴定两个方面的内容。目前，档案界所称的档案鉴定主要是指档案的价值鉴定。档案价值鉴定工作就是各个档案机构按照一定的原则、标准和方法来鉴别和判定档案的价值，确定档案的保管期限，并据此销毁失去保存价值的档案的工作。

档案价值鉴定工作的内容主要包括：制定鉴定档案价值的有关标准；具体判定归档文件的价值，确定其保管期限；审查保管期届满的档案，对确无保存价值的档案予以销毁；定期开展档案开放鉴定。

2. 档案鉴定的原则与标准

档案鉴定必须从国家和人民的整体利益出发，用全面的、历史的、发展的观点判定档案的价值。

同时，为保证鉴定工作的客观、可靠，必须建立明确的档案价值鉴定标准。档案鉴定的标准主要有来源、内容、相对价值和形式特征等几个方面。来源标准是指档案的形成者在社会上以及机关内的地位、作用和职能可能影响甚至决定档案的价值。档案内容是决定档案价值最重要的因素。内容标准主要是指档案内容的重要性、独特性和时效性。档案的相对价值标准，主要依据所存档案的完整程度、档案内容的可替代程度和各全宗之间档案的重复程度三个方面去判定。档案的形式特征是指文件的名称、文本、可靠程度、外形特点等，这些特征在某种程度会影响到档案的保存价值。

总之，档案的价值是由各个方面因素所决定的，必须根据每份或每组档案的具体情况，从档案的内容入手，综合考察分析其来源、时间、形式等因素，全面判定档案的价值。

（二）档案鉴定的方法与程序

1. 档案鉴定的方法

鉴定档案价值的基本方法是直接、具体地审查档案，通常把这种方法称为直接鉴定法。直接鉴定法要求档案鉴定人员逐件逐页审查档案材料，从它的内容、作者、名称、可靠程度等方面，全面考查分析确定其价值。

直接鉴定一般以案卷为基本单位进行，比如，一个案卷内存有不同保存价值的文件，而文件之间又有密不可分的联系，则以其中最重要的文件价值来确定保管期限，一般以不拆卷或个别拆卷的办法来处理。

2. 档案鉴定的程序

（1）归档鉴定。首先，由文书部门或业务部门在档案室指导下，制订本单位的《文件材料归档范围和保管期限表》。之后，剔除没有保存价值的不归档文件，再按照《保管期限表》对归档文件确定保管期限。

（2）档案室的鉴定工作。档案室的鉴定工作一般包括：对归档材料的初始鉴定的结果进行质量监控，检查所定的保管期限是否准确，对不符要求的作局部调整。同时，对保管期限届满的档案进行复查鉴定，重新审定其是否需要继续保存，对其中仍有保存价值的档案，重新划定保管期限，对于失去保存价值的档案，剔除并按规定销毁。

（3）档案馆的鉴定工作。档案馆的鉴定工作一般包括：对进馆档案的保存价值、整理质量和保护状况进行检查；对封闭期已满的档案进行开放和划控鉴定；对馆藏档案开展定级鉴定；对保存期满的档案做复查鉴定以确定存毁。

（三）档案销毁

档案销毁是将已失去保存价值的档案材料以特定的处理方式改变正

常的物理载体形式，从而使其所携带的信息无法被还原的过程。

1. 档案销毁清册

凡需销毁的档案，必须编制销毁清册。销毁清册是准备剔除销毁的档案的登记簿，也是日后查考档案销毁情况的凭据。

档案销毁清册封面上的项目有：全宗号、全宗名称、立档单位名称、编制档案销毁清册单位名称和编制时间等。

销毁档案登记栏是档案销毁清册的主要部分，其主要项目有：序号、案卷或文件题名、起止日期、号码（案卷目录号、案卷号或文件字号）、数量、销毁原因、备考等。具体项目可以根据具体情况进行增减。一般是以案卷为单位登记，必要时，也可以按文件登记。

档案销毁清册应以全宗为单位编制，每一清册至少应一式两份，一份留档案馆（室），一份送有关领导审查批准，如果要报档案行政管理部门备案，则需一式三份。

2. 档案销毁的审批制度

鉴定需要销毁的档案，应当编制销毁清册，办理批准手续。各单位需要销毁的档案，须经单位审核批准后施行；档案馆需要销毁的档案，须经鉴定委员会审核，报主管领导部门批准后施行。经办理审批手续后，须对需要销毁的档案检查准确无误方可实施。

3. 档案销毁的主要方式

档案可以送到指定造纸厂化成纸浆，这是销毁大批量纸质档案最为常用的一种方式；数量少而又具有机密性的档案应当先用碎纸机打碎再做处理；以磁带、磁盘、光盘等为载体的档案，可以采用物理删除、格式化或焚烧等方式销毁。无论采取何种方式进行销毁，都必须严格坚持两人以上监销的原则。监销结束，监销人员须在销毁清册上签字，并注明"已销毁"字样和销毁方式、销毁日期。已经销毁的科技档案，应在目录上注销，并对排列顺序进行相应调整。

二、档案保管

（一）档案保管工作的主要内容

档案保管工作，是指根据档案的成分和状况，对存入库房的档案进行的日常管理和安全防护工作。档案保管工作的内容主要包括三个方面。

1. 档案库房管理。档案库房管理，即库房内对档案进行科学管理的日常工作，包括配置适宜安全保存档案的专门库房；档案库房与装具编号；档案排架存放；库房内温湿度控制与调节；防盗、防火、防尘、防有害气体等必要措施。

2. 档案流动过程中的保护。档案流动过程中的保护，即档案在各个管理环节中的安全防护，指从档案接收搬运开始，在整理、鉴定、利用和编研等工作过程中的保护。

3. 保护档案的专门措施。保护档案的专门措施，即为延长档案寿命而采取的各种专门技术措施，主要包括复制、修裱、消毒、灭菌等措施，目的是延长档案寿命，便于档案长期保存和利用。

（二）档案保管的物质条件

1. 档案库房。档案库房是档案保护的首要条件，是保存档案的最基本物质条件，各级各类档案馆（室）必须有适宜的保管档案的库房。作为中小型档案室，其用房一般由档案库房、档案阅览用房和档案人员办公用房组成。

2. 档案装具。档案装具主要有档案架、档案柜、档案箱等3种。就目前的档案装具中，活动式密集架在有效利用库房空间、坚固、密闭等方面具有较好的性能，其库容量比常规装具可提高80％以上。因此，密集架不失为现有最经济实用的档案存放设施，使用密集架是在荷载允许的条件下提高库容量、解决库房不足的有效途径。

3. 档案包装材料。目前，我国包装纸质档案的基本材料主要为卷皮、卷盒和包装纸三种，要求符合国家的有关规定，以利于档案安全保管。

4. 档案保管设备。档案保管设备主要是指在档案保管和保护中使用的机械、器具、仪器、仪表等技术设备。用于档案保管的技术设备种类很多，主要有：去湿机、加湿器、空调、通风设备、温湿度控制仪、防火及防盗装置、灭火器、电视监控设备等。

(三) 档案的存放与管理

1. 档案存放的方式

在将档案放入档案架柜时，档案的存放方式一般有竖放和平放两种。大多数的档案馆（室）采用竖放方式，平放比较适宜于保管珍贵档案以及卷皮质软、幅面过大、不宜竖放的档案。

另外，科技档案尤其是底图和蓝图类档案的存放方式选择更加要注意。底图应在特殊的底图柜中存放，其存放方式有两种：平放和卷放。平放方法能保证底图的平整，取放方便，但占用空间大；卷放方法能够节约空间，但取放不方便，容易造成底图的磨损。这种方法适用于特大特长幅面底图的存放。底图禁止折叠存放，以免出现折痕，影响图面的清晰度和准确度，并缩短其保管寿命。为保护底图不被撕破，可用胶纸通过压力机将底图四边包上。

蓝图纸张的机械性能比底图好，可以折叠。蓝图的折叠有一定的要求：一般以四号图纸幅面大小进行折叠，左面要留出装订线；折叠的图纸要向图纸正面以手风琴式方法折叠，不宜反折或卷筒式折叠；图纸的标题栏应露在右下角外面，以便查阅。折叠后的蓝图，若是不常查阅的，可以装订成册。不管是否装订，蓝图上所有的金属针都应去掉，以防生锈。折叠后的蓝图，存放在盒子里比较合适。蓝图柜可用一般的公文柜，在库房条件好的情况下，也可以用档案架。

2. 档案存放次序的管理

档案存放次序是指档案在库房及装具中的存放次序，目的是避免存放次序上的错乱，主要有两种方法。

（1）档案存放位置索引。档案存放位置索引是以表册或卡片的形式如实记录和反映档案在库房及装具中的存放次序情况。主要作用是便于档案人员迅速调归档案和其他日常管理，更有助于新手掌握情况，一般有两种编制方法：一是以全宗为单位编制的档案存放位置索引，即指明各个全宗的档案分别存放的具体库房和装具方位。二是以库房和装具为单位编制的档案存放位置索引说明各个库房和装具存放档案的具体情况。一般来说，档案存放位置索引比较适合于档案馆和存有多个全宗的档案室。特别是第二种样式，可采用大型图表形式张贴或悬挂在库房入口，便于随时参阅。

（2）档案代理卡。档案代理卡又称"代卷卡"，是档案保管人员编制和使用的一种专门指明案卷去向的卡片。档案代理卡既可以有效防止档案放错位置的现象，又可作为档案人员统计、分析档案利用情况的数据。

第四章 数字档案馆信息资源概述

第一节 数字档案馆信息资源的组织

一、数字档案馆信息资源组织概述

档案信息组织实际上是档案信息有序化和增值的一个过程，可将海量、凌乱、无序的档案信息资源转化成一个精良、系统、有序的档案信息资源库，实现由"粗放型"档案信息向"集约型"档案信息转变。缺少档案信息组织这一过程，档案信息的检索、查找、开发、利用便是一句空话。因此，数字档案馆信息资源的组织既是一项独立的工作环节，同时又影响着档案信息资源的开发利用等工作环节。

数字时代，数字档案馆的信息资源来源极其广泛、形式更加多样、内容涉及面广、信息流动更快。面对日益增长的海量档案信息和社会公众的档案信息需求，如何有效地组织和揭示数字档案信息资源，直接影响着档案信息资源的开发与利用，关系到数字档案馆服务功能的发挥。因此，加强对数字档案信息资源的描述、加工、整序和提炼，使档案信息系统化、有序化，实现无序信息流向有序信息流的转换，就成为数字档案馆信息资源组织的重要目标。数字档案馆信息资源组织是指在确保档案信息安全的前提下，采用一定的技术方法，对收集的档案信息资源进行整序、优化，形成一个便于保管、控制和有效利用的信息资源系统集成的过程。

数字档案馆信息资源组织工作与信息资源建设、信息资源整合之间，既相互联系，又有所区别，认清三者之间的关系对于开展数字档案馆信息资源组织工作具有积极作用。

(一) 信息资源组织与信息资源建设的关系

数字档案馆信息资源建设是一个对档案信息资源规划组织、集聚存储、开发利用、管理保障的综合性过程，是"通过组织、规划等措施，采用一定的标准和规范对其信息资源进行鉴定、描述、组织等处理，管理和开发档案信息资源，为社会发展服务。它由组织、规划、制度、标准、人员、技术、信息内容等一系列建设工作组成"。数字档案馆信息资源建设是一项系统工程，除了对档案信息进行存储、检索、保管、利用等业务组织与管理外，还包含信息资源的整体规划、资源集聚，以及提供必要的数字档案信息资源管理条件等内容，它以建立一个完整、丰富的档案信息资源体系为目标，数字档案馆信息资源组织是信息资源建设中的一个重要环节，其核心是对档案信息进行整序，将档案信息资源有序化，目的是为档案信息保存、检索、利用提供方便。因此，数字档案馆信息资源组织是档案信息资源保存、检索、利用的前提和基础。认真做好数字档案馆信息资源的组织，将有利于数字档案馆存储和积累丰富的档案信息资源，有利于档案信息资源的开发利用。

(二) 信息资源组织与信息资源整合的关系

数字档案馆信息资源整合是指根据一定的需求，对各个相对独立的已经实现了一定程度的有序化的档案信息资源进行融合、类聚和重组，构建一个新的功能更强大、效率更高的档案信息资源体系的过程。信息资源整合也是信息资源建设的重要内容之一，其核心是克服个体数字档案馆内部各类信息资源的分割状况或数字档案馆种群内资源建设各自为政的现象，消除不同系统之间的差异，实现数字档案信息资源的集成与共享，档案信息资源的整合，既可以是逻辑上的，也可以是物理上的。逻辑上的整合是使不同的档案信息系统达到逻辑意义上的统一表述，而不改变其物理位置；物理上的整合是将不同物理位置的档案信息资源有效地集中于某一数据库内，进行统一管理，从而实现档案信息资源的集中统一管理。

　　档案信息资源整合的前提是整合的对象已经经过了一定程度的加工整序，而不是完全没有经过有序化处理、没有任何控制的档案信息资源，如果仅仅是将完全无序化的档案信息实现有序化转换，这仅是一般意义上的档案信息资源组织，还不能称之为档案信息资源的整合。数字档案馆首先要完成本档案馆内部档案信息资源的组织，只有在这一目标实现后，才能进行宏观上、不同档案系统、不同数字档案馆之间的档案信息资源整合，实现档案信息资源的融合重组以及整体档案资源体系的建设与共享。由此可见，数字档案馆档案信息资源整合是数字档案馆档案信息资源组织发展到一定阶段的产物，也是数字档案馆生态系统发展到一定阶段的必然要求。

二、数字档案馆信息资源组织的原则

　　数字档案信息资源是数字档案馆"立身之本"，对数字档案信息资源进行科学合理的组织是保证其质量、发挥其效益的重要前提。在开展数字档案馆信息资源组织的过程中，必须遵循科学性、系统性、规范化、以用户为中心、安全性等原则。

（一）科学性原则

　　科学性原则应贯穿于数字档案馆信息资源组织的全过程，应采用科学的态度和科学的方法来组织数字档案信息资源。其一，科学的态度是开展一切科学活动的基础，数字档案馆信息资源组织的对象是收集、采集和捕获的各种档案信息，然而并非所有的档案信息都可作为数字档案馆的信息资源提供给用户，数字档案馆不是信息的"杂物库"，更不是信息"垃圾站"，对于档案中无用、虚假的信息，应以科学的态度加以鉴别和销毁，将有价值的档案信息保存起来，提升系统响应检索速度，降低保管费用，在档案信息的组织过程中，要以科学的态度进行规划、设计，要有严格的管理制度和技术措施，确保档案信息的真实性、完整性。其二，档案信息资源组织应采用科学的方法、技术和手段。数字档案馆信息资源组织需要利用现代信息技术。如数据库技术、元数据技术、多媒体技术、虚拟整理技术等。数字档案馆信息资源的组织方法多样，包括主题树方式、文件方式、超媒体方式和数据库方式等。同时，要汲取传统档案信息资源组织中的先进经验和方法，并与现代信息技术相结合，有效地组织数字档案信息资源。此外，还要不断跟踪信息源的发展变化和信息组织技术的发展变化，使档案信息资源组织更加有序、合理。

（二）系统性原则

数字档案馆档案信息资源的组织要注重系统性和完整性，从社会资源共建共享的角度出发，处理好"整体与局部""拥有与共享"的关系，力求保持档案信息资源的系统、连贯和完整，充分发挥档案信息资源的效用。为此，在数字档案馆的档案信息资源组织中，要注意档案信息资源体系结构的合理性，力求做到体系完整、结构有序、主次分明。同时，"还要处理好档案的重要性与完整性的关系，切不可孤立地抽取个别重要档案而使其失去与一组档案的内在联系而影响到其整体价值"。档案信息资源组织的前端是档案信息的收集，后续是档案信息的开发利用。档案信息资源组织应与档案信息收集、利用环节互相联系，建立协调机制，构筑一个系统的档案信息资源管理体系，确保档案信息资源组织工作的有效运行。

（三）规范化原则

数字档案馆信息资源的组织必须遵循统一的标准规范。档案信息资源格式只有统一规范，才能实现档案信息的无缝交接，保障档案信息资源的流动性和可用性，提高档案信息资源的共享效率和服务质量。数字档案馆信息资源组织要遵循国际、国家及行业标准，保证档案信息组织的技术方法、数据库系统符合通用系统环境要求，避免出现各自为政、互不兼容的现象，为数字档案馆档案信息资源的互联互通、资源共享奠定基础。

（四）以用户为中心原则

档案信息资源组织的最终目的就是满足用户的利用需求。因此，数字档案馆档案信息资源组织应以用户需求为中心，在深入分析、充分调查研究的基础上，确定档案信息资源开发的重点，优先组织社会需求量大、实用性强的档案信息资源，优化档案信息资源配置，发挥数字档案馆档案信息资源的综合优势，不断满足用户的利用需求，使用户需求同数字档案馆信息资源组织实现良性互动。

三、数字档案馆信息资源组织的机制

（一）制度化组织和非制度化组织相结合

档案信息资源制度化组织是指有一套完整的档案信息资源组织规范和流程，保障数字档案馆信息资源组织的制度化、规范化和常态化。档案信息资源制度化组织是数字档案馆档案信息资源组织的主体和重点，是档案管理工作的重要内容，是确保档案信息资源规范化、规模化的基本保障。档案信息资源非制度化组织是档案信息资源制度化组织的有效补充，是指为了满足某种特殊的档案信息需要或随机的档案信息需求，不依据已有的明确的档案信息组织制度进行，而是依靠制度外的措施或临时性的方式，对某些档案信息资源进行组织。数字档案馆信息资源组织既要建立档案信息资源制度化组织机制，同时又要建立档案信息资源非制度化组织机制，将两者有机结合，确保档案信息资源的完整与有序。

（二）体制内档案信息资源组织和体制外档案信息资源组织相结合

体制内的档案信息资源是指保存在国家各级档案机构，为国家所有的档案信息资源。各级各类档案机构收藏的档案资源，在国家档案资源中处于主体地位。针对这部分档案信息资源的组织，即体制内的档案信息资源组织。体制外的档案信息资源是指保存在除各级各类档案管理机构外的社会其他机构、民间组织、个人中的各类档案信息资源。体制内档案信息资源的组织是数字档案馆信息资源组织的主体，体制外档案信息资源的组织是补充。在我国档案信息资源管理体系中，体制内档案信息资源组织已经形成了一套较为完善的制度化和规范化的流程和要求，档案信息资源组织经验较为成熟；而体制外的档案信息资源相对分散，档案信息数据格式各异，档案信息组织难度相对较大。为了满足社会档案需求，为公众提供丰富、多样、全面的档案信息，数字档案馆不能仅局限于现有体制内的档案信息资源（馆藏档案），而是要在做好体制内档案信息资源组织的基础上放眼馆外，尽可能多地整合体制外的档案信息资源，做到体制内档案信息资源组织和体制外档案信息资源组织相结合，丰富馆藏内容，优化馆藏结构。

（三）主动组织与被动组织相结合

主动组织是指数字档案馆立足档案信息资源，结合档案管理要求和社会的档案信息需求，自觉进行档案信息组织，开发档案信息资源，建立符合档案保存要求和检索利用需要的档案信息组织成果。主动组织要求数字档案馆按照档案组织的一般原则、要求进行，并要有一定的预见性，及时掌握社会档案信息需求，有针对性地进行组织；特别要注重对馆藏重要档案、特色档案的组织，主动向社会传播系统性、专题性、特色性的档案信息。与其相对应的是被动组织，即用户向数字档案馆提出档案信息利用请求，数字档案馆需要对用户需求的档案信息进行组织后才能回馈给用户。由于数字档案馆不可能完全预见社会对档案信息的需求情况，因此在这一过程中，数字档案馆只能被动地接收用户的信息需求，再针对用户信息需求进行档案信息资源组织。两者相比较，主动组织能够及时满足社会档案信息需求；而被动组织具有一定的滞后性，但能更有针对性地满足用户的档案信息需求。

四、数字档案馆信息资源组织方式与技术

（一）数字档案信息资源组织方式

数字档案信息资源组织的方式是数字档案馆信息资源组织工作开展的重要途径和手段，传统档案的信息组织由于受到载体与记录方式的限制，主要采用手工方式进行组织，以档案的实体组织为主，以档案的信息组织为辅，档案的实体组织是根据档案之间的历史联系开展的，主要表现为卷内先后顺序和档案库房的实体排架；档案的信息组织是依据档

案信息的内容开展的，主要表现为各种形式的索引，如目录索引、主题索引、专题索引等，内容信息揭示难以深入，利用方式相对简单。

数字档案信息由于信息与载体的易分离性，使得信息冲破了载体的约束，"虚拟化的信息具有极大的空间流动性。信息能以极高的速度，极大的容量，跨越广阔的地域自由流动，为全社会共享，这是传统档案绝对做不到的。"随着数字档案信息资源的不断丰富，数据库技术和网络技术的不断发展，档案信息资源组织的方式也在不断地革新。数字档案信息资源组织可以借助信息技术，全面揭示档案信息间的内在逻辑联系，对档案信息进行深度加工、整理和提炼，使之有序化，便于档案信息的保管、传播和利用。数字档案信息资源组织在借鉴传统档案组织方式的基础上，依据数字档案信息逻辑结构的特性采用全新的组织方式。

（二）数字档案信息资源组织技术

对海量繁杂的数字档案信息资源进行有序化组织就必须依靠现代信息技术，不断发展着的信息组织技术是数字档案信息资源组织工作开展的基础和手段。数字档案信息资源组织主要采用虚拟整理技术，虚拟整理技术是一种能脱离档案实体排列，而仅仅使用一套符号及其符号语法逻辑来记录和揭示档案之间历史联系的技术。它是指与档案实体排序无关的，单纯记录和揭示档案之间历史联系的技术。现阶段的信息资源组织的技术主要有 WEB 数据库技术、数据仓库技术、数据挖掘技术、搜索引擎技术、指引库技术和 WEB 信息抽取与整合技术等，信息组织技术的综合运用，一方面为数字档案信息的有序化提供高效、便利的技术支撑，另一方面也使得数字档案信息组织多样化、集成化。

第二节　数字档案馆信息资源的建设

档案信息资源是数字档案馆生态系统中的核心生态因子，尤其是数字档案信息资源将对数字档案馆的建设和成长具有十分重要的作用。为此，在数字档案馆生态系统建设中重点讨论数字档案信息资源建设，关系到能否建立起一个丰富、稳定、系统的数字档案资源体系。

一、数字档案信息资源建设的必要性

(一) 数字档案信息资源建设是数字档案馆建设的基石

数字档案馆是指各级各类档案馆为适应信息社会日益增长的对档案信息资源管理、利用需求，运用现代信息技术对数字档案信息进行采集、加工、存储、管理，并通过各种网络平台提供公共档案信息服务和共享利用的档案信息集成管理系统。随着信息技术的广泛应用，数字档案信息资源越来越多，数字档案信息资源是档案信息资源的一种类型，也是数字档案馆信息资源建设的主体。因此，数字档案信息资源建设是数字档案馆一项经常性的重要业务工作。

数字档案馆需要通过馆藏档案数字化和电子档案的接收，集聚并建立各种数字档案信息资源库以丰富馆藏；需要通过各种技术手段管理数字档案信息资源。数字档案馆如果没有丰富优质的数字档案信息资源，就会成为"无本之木、无源之水"，数字档案馆建设的目标就无法实现，作用也无法体现。因此，数字档案信息资源建设是数字档案馆建设的物质基础和核心内容，是数字档案馆运行的"货源"保障，关系到数字档案馆建设的成败。

(二) 有利于激活档案信息资源开发利用

数字档案信息资源以其"动态性""便捷性""时效性"等特性，改变着长期以来传统档案的利用方式，给利用者带来前所未有的轻松和便利，有利于建立档案信息资源共建共享体系以增强服务能力。数字档案信息资源越丰富，开发利用的潜力和前途就越大。

数字档案信息资源建设水平直接决定着档案信息化的内在质量，关系到档案信息资源的有效开发与利用。

(三) 有利于推动档案事业创新发展

首先，数字档案信息资源建设为档案事业注入了新的活力，给档案工作带来了前所未有的发展机遇。数字档案信息资源建设加速了现代信息技术在档案工作中的应用，推动档案工作向数字化、信息化、网络化、标准化方向发展，拓宽了档案工作的领域，使档案工作在信息社会中的地位和作用得到进一步提升，让档案事业有了更为广阔的活动空间，从而实现档案事业的可持续发展。其次，数字档案的记录方式、存储格式、载体形态等不同于传统档案，是一种新的管理对象，"既然管理对象发生了如此深刻的变化，管理方法、管理模式以至管理思想的更新当然就是不可避免的了"；同时，档案学理论研究也应随着时代和技术的进步作出相应的调整与深化、发展与创新，以推动档案学理论不断向前，焕发出勃勃生机。

（四）有利于增强社会档案意识

信息化建设将实现档案管理从传统向现代转型。信息时代的产物、电子政务环境下的数字档案馆，不仅从根本上改变了档案工作的管理模式、服务类型、利用方式，而且为整合、开发、利用档案信息资源，实现档案信息共享提供了巨大的空间。网络虚拟世界扩大了档案工作的活动舞台和辐射面；信息一体化使档案工作与社会发生从未有过的、越来越紧密的交融。档案是人类社会活动的历史记录，具有真实性、权威性、稀缺性等特点，数字档案信息资源建设有利于"缩小数字鸿沟"，提高公众获取档案信息和知识的能力，扩大数字档案信息资源交流的途径；可以借助现代媒体加速数字档案信息资源的大众化传播，激发社会信息利用需求，促进社会信息消费，为档案工作转型、社会管理创新和智慧城市建设注入活力。为此，数字档案资源建设能够改变社会大众对档案及其档案工作的刻板印象，充分发挥档案信息资源的作用，实现档案信息资源社会共享，不断增强社会整体档案意识，扩大档案工作的社会影响力。

二、数字档案信息资源建设的原则

数字档案信息资源建设是一项复杂的系统工程，需要科学规划、协调合作、合理建设。

（一）战略性原则

战略性原则是指数字档案信息资源建设要有一定的前瞻性，对各个数字档案馆保存的数字档案信息资源进行科学定位、整体规划、全盘考虑；加强与数字图书馆、数字博物馆以及大众传媒等部门的联系，构建完善的国家信息管理系统，共同保存数字记忆、传播中华文化。数字档案信息资源建设的战略性，一方面体现在信息资源建设之初就要建立统一的制度、标准、规范，以保证数字档案信息资源的流动和共建共享；另一方面，各数字档案馆数字档案资源建设要合理规划、重点突出、特色各异，建立覆盖人民群众的数字档案信息资源体系。数字档案馆是数字档案资源的保管基地，更是信息时代的数字记忆馆，要"通过收集、接收、整理、整合与编研等工作不断丰富馆藏数字化资源，为社会积累越来越多的信息财富"。数字档案信息资源建设需要具有战略眼光，及时、全面地收集、采集和捕获社会发展进程中有价值的数字档案信息资源，既要为社会长久保存数字记忆，又要为社会提供高效、便捷的档案信息服务。作为现代档案信息服务主角的数字档案馆，必将主动地为社会各界提供各种综合性、战略性的高质量的档案信息服务。

（二）协调性原则

数字档案馆信息资源建设是一项跨部门、跨行业、跨地区的长期的系统工程，数字档案信息之间有着复杂的、多维的联系，有关同一主题、同一事件的档案信息可能分布在不同单位、不同载体、不同形式的档案之中。因此，数字档案馆资源建设需要总体把握、多方配合、通力合作，做好协调工作，避免数字档案信息资源收集不全、保管分散、管理混乱等。首先，要协调数字档案馆内部的人力、物力、财力，协调数字档案信息资源建设与其他工作之间的关系，分工合作，促进数字档案信息资源建设的有效开展；其次，要协调数字档案馆与电子文件生成机构的关系，建立规范、畅通、科学的电子文件归档制度，保证各种机构在活动中形成的电子文件能即时、有序归档，形成常态化的数字档案馆资源累积机制；再次，要协调与其他数字档案馆之间的关系，加强沟通与协作，及时共享数字档案信息资源建设成果和经验，避免数字档案信息资源重复建设；最后，要协调与其他数字信息资源建设机构之间的关系，如数字图书馆、数字博物馆、传媒机构等，加强联系与合作，相互借鉴建设经验，实现馆藏数字信息资源的互补与共享。

（三）效益性原则

效益是评价一项工作的重要指标，数字档案信息资源建设同样也要讲求效益，效益包括社会效益和经济效益两个方面。要加强数字档案信息资源建设的组织领导和管理，在充分调研的基础上制定数字档案信息资源建设方案，科学合理地调配人力、物力和财力，对具有较大社会文化价值、利用率高的档案优先进行收集和数字化建设，使有限的财力发挥最大的效用，充分考虑数字档案信息资源建设的经济效益。数字档案馆承担着保存人类社会记忆的重要使命，在考虑经济效益的同时不能忽视社会效益，对具有重要存史价值、濒危高龄等珍贵档案数字化需要纳入数字档案信息资源建设规划中。效益性原则要求我们在考虑经济效益的同时要将社会效益大的馆藏档案优先考虑数字化，不能完全以经济效益来确立数字档案馆馆藏建设的范围和先后次序，必须将社会效益和经济效益结合起来，以最佳的结合方式开展数字档案馆的信息资源建设。

（四）共享性原则

数字信息能被计算机处理，并能通过网络进行传递，实现数字档案信息资源共享是数字档案馆建设的重要特征，也是数字档案资源建设的优势所在。为此，数字档案信息资源建设要遵循统一的标准规范，包括数字化加工、资源描述、资源组织、资源存储和资源服务等方面的标准、规范要求，保持数字档案信息资源建设的统一性、规范性，确保数字档案信息资源的建设质量和服务效果，为数字档案信息资源的开发利用和数字档案馆信息资源的互联互通奠定基础。数字档案信息资源是社会信息资源的重要组成部分，数字档案馆要加强同数字图书馆、政府部门、门户网站、大众媒体等信息部门之间的合作与联系，实现数字信息资源的共建共享。

（五）特色性原则

数字档案馆的档案信息资源应该具有自身的特色。特色档案数据资源库应该具有两个方面特点：一是独特性，即要保证所建立的特色档案数据库数据的唯一性、独特性，不和其他数字档案馆的数据相重复；二是全面性，即能全面揭示馆藏特色档案的内容，馆藏特色档案信息完整、齐全，能全面反映馆藏特色档案内容主题。因此，数字档案馆应重视对具有地方特色、文化特色、时代特色、民族特色、专业特色等档案信息资源的收集、征集、采集和捕获，积累并形成数字档案特色资源库。

三、数字档案信息资源建设内容

数字档案信息资源是数字档案馆生态系统形成和运转的基础，是数字档案馆建设的核心，其建设内容主要包括馆藏档案资源建设、数字档案资源库建设和档案信息资源的开发与利用等方面。

（一）馆藏档案资源建设

1. 传统载体档案馆藏建设

传统载体档案管理已经积累了丰富的经验，对传统载体档案的收集、整理、鉴定、保护、统计、检索、开发利用等工作已经有了相对稳定和完整的管理制度与方法。传统载体档案在很长一段时间内仍然是档案馆馆藏档案资源建设的重点，也是数字档案资源的重要来源。然而，"目前，档案馆馆藏内容单一，数量不多，种类不齐全，时间跨度短，难以适应新形势、新任务的要求"，难以适应数字档案馆信息资源建设的需要。因此，加大档案信息资源建设力度，不断丰富和优化档案馆藏，仍然是数字档案馆档案资源建设的一项重要内容。丰富是指馆藏档案的数量具有一定的规模；优化是指馆藏档案内容要尽可能多地覆盖社会各个方面。馆藏档案的来源要从以党政机关部门为主向以社会公共服务部门为主转变，加强民生档案建设，及时接收和广泛征集与社会大众密切相关的、喜闻乐见的档案，如家谱档案、照片档案、影像档案、家庭档案、地方特色民间档案等，"转变重事轻人、重物轻人、重典型人物轻普通人物的传统观念和认识，建立覆盖人民群众的档案资源体系"。放到历史的时空去看，今天是传统载体的纸质或声像档案，明天将会被转化成数字档案，是数字档案馆数字档案信息资源家族的重要成员。

2. 数字档案馆藏建设

(1) 档案数字化

传统载体档案数字化是现阶段数字档案信息资源建设的重要途径。传统载体档案要想借助现代信息技术和网络技术，实现档案信息的高速流动和资源共享，就必须转换成数字信息形式。传统载体档案的数字化主要包括纸质载体档案数字化、照片档案数字化、声像档案数字化、胶片档案数字化等，使传统载体档案的模拟信息向数字信息转变。

针对传统载体档案的数字化，要做好前期规划和调研工作，按照特殊载体优先、重要程度优先、共享性强优先等原则分步实施，确立馆藏数字化的实施步骤、馆藏数字化范围、数字化格式和质量要求等。数字化加工一般采取自主加工和委托加工两种方式进行。自主加工是档案馆自行配备数字化加工设备，自行组织人力开展数字化加工这一模式适用于少量重要、核心档案的数字化加工。委托加工是将需要进行数字化转化的档案，委托专业公司实施加工。这一模式效率相对较高，投资相对节省，普遍适用于各类档案的数字化加工。档案馆所委托加工的公司必须是具有相关保密资质的专业公司。

(2) 电子文件接收

随着现代信息技术的广泛应用，电子文件大量产生，并成为社会活动记录的新的档案形态，接收电子档案是数字档案馆资源建设的重要任务——数字档案馆的信息资源建设"必须延伸到为其提供信息资源的各立档单位的档案室"，数字档案馆"应当根据档案接收范围，建立电子文件接收进馆制度和机制，配备必要的技术手段，从源头上保证数字档案信息的真实、完整、可用"。

电子文件的类别相对于传统载体档案更加多样，除了接收文本文件，还要接收数码照片、图形图像、多媒体、数据库、网页等各种形式的电子文件。为了保证有价值的电子文件接收进馆，需要明确电子文件的接收范围、标准和方法。电子文件的移交要确保信息安全，选择安全合理的移交方式。

在电子文件接收过程中，数字档案馆特别要注重加强对多媒体档案的收集。

一是多媒体是信息时代的强势媒体。文字历来是传统信息的强势媒体，如"白纸黑字，铁证如山""口述无凭，立字为证"，可见字据和书证在人们心目中有着至高无上的信誉度。然而，随着多媒体技术的迅猛发展，白纸黑字的统治地位正在受到冲击，与此相比，多媒体更能有效地反映现实信息世界。现实信息世界本来就是图文声像并茂的多媒体世界，利用多媒体方式获取、存储、传递和表达信息当然最生动、高效。多媒体信息对现实社会具有较强的影响力，多媒体信息可以借助多媒体技术高效率地处理和渲染，又可借助日益普及的电视和网络技术，在任何时候传递给任何需要者，因此，它对社会生活的各个领域和现代人类的各项活动所产生的影响是极其深刻和深远的。

二是多媒体信息具有直观、强烈的视听效果。人类的感觉媒体有听、视、嗅、味、触觉，80％的信息来自听觉和视觉，也就是声音和图像。多媒体信息主要记录声音和图像，所以多媒体信息更具直观性和原始性。客观的信息世界是多媒体世界，多媒体信息能比文字信息更直接、更原始地反映现实世界，是真正的原生态信息。相比较而言，文字是人类对客观世界认知后的表达，在反映客观世界方面具有很大的人为性和加工性。

三是多媒体技术正以迅猛的速度普及。由于多媒体技术与传统摄影、摄像技术相比具有显著的优势，包括即拍即用，无须冲印；图像处理工具丰富，便于编辑处理；可大量复制，无信号衰减；能通过互联网传播，异地共享；输出方式多样，可以各种方式浏览观赏；多媒体集成，图文音像并茂等，传统的摄影、摄像、录音正在被多媒体技术所代替。同时，随着多媒体设备性价比的提高，使用的便捷性和大众化趋势明显，普通百姓可以利用手机、照相机、摄像机等随时记录工作生活中发生的各种事件。为此，民众中涌现出大量热衷于数码拍摄的"拍客"，他们想拍就拍，想编就编，随时随地用多媒体技术记录社会生活的方方面面，使拍摄的内容更加贴近生活、贴近民众，尤其是拍摄了一些珍贵、稀缺、瞬间的镜头。

四是多媒体档案是我国档案馆馆藏的稀缺资源。长期以来，我国的档案馆藏一直在追求门类齐全、内容完整、特色鲜明，然而馆藏结构性的问题依然比较突出。首先是内容局限。党政类档案多，其他经营、科研、知识类档案较少；反映机关活动的较多，反映民生活动的较少。其次是形式载体单一。静态文件多，动态文件较少；单媒体文件多，多媒体文件较少；纸质档案多，非纸质档案较少。再次是缺少特色。反映专业、行业、人物、地域、民俗等特色内容的档案比较缺乏，以至于现有的馆藏档案资源较难吸引公众的眼球、凝聚社会的人气，较难满足公众在文化、教育、休闲、民生等方面日益增长的需求。多媒体档案不但能形象、直观、生动地记录和再现历史事件与客观事物，而且其内容之丰富、形式之多样、特色之鲜明，可以弥补传统纸质档案的薄弱之处，理应列入档案收集的重点。调研表明，目前，我国的档案馆馆藏仍以纸质档案为主，多媒体档案所占比例很小，成为档案馆馆藏的稀缺资源，这与目前多媒体文件数量迅速增长和社会对多媒体资源的关注不协调。数字档案馆应该把握档案领域出现的新现象、新任务，重视多媒体档案的收集，丰富多媒体档案的馆藏。

（3）数字档案信息的采集与捕获

数字档案馆信息库是一个集成的数字档案信息资源总库，数字档案馆馆藏的质量评价，不单单以本馆的实际收藏即拥有的档案文献本身（数量、结构、重点和效能等）为评价对象，还要看其在网络上拥有档案信息资源的能力，以及对网络档案信息资源的组织、整序、筛选和深加工能力，评价档案馆为利用者提供的选择性档案信息存取能力。网络采集与捕获的数字信息资源是对数字档案馆馆藏的有效补充，是丰富数字档案信息资源的有效途径之一。通过网络链接政府信息资源库、各行业专业数据库、社会公共服务网站、个人网站及其他数字档案馆，动态地采集所需的数字档案信息；通过网络有针对性地捕获具有区域、地方特色的档案，以及关系公众利益的民生档案等，有利于馆藏特色档案、专题档案的建设。数字档案信息的采集与捕获是优化馆藏结构、丰富馆藏内容的一种有效形式。

（二）数字档案资源库建设

数字档案馆的资源库主要是指数字档案信息资源库。数字档案信息需要运用计算机及其相关技术设备，在信息有序化的基础上，对其进行科学管理。数字档案信息资源库主要有档案目录数据库、档案全文数据库、多媒体档案数据库、元数据库等，其管理方法多采用数据库技术。

1. 档案目录数据库

档案目录数据库是使用数据库管理系统组织起来的档案目录数据集合，即"将反映数字档案特征的规范数据，依照一定的字段要求存入计算机中，通过系统的排序等处理，形成由计算机检索的目录数据体系"。它是档案数据库中最简单、最基本的一种形式，是数字档案信息资源检索利用的有效形式。档案目录数据库又可以分为案卷级目录数据库和文件级目录数据库。建立档案目录数据库一般有两种途径：一种是通过人工录入建库的方式将传统载体档案目录转换成数字形式的机读目录数据库；另一种是直接通过档案管理系统获取数字档案的目录信息，形成档案目录数据库。

2. 档案全文数据库

档案全文数据库是"通过数据库、数据仓库等技术方法将档案全文按照一定的分类、排序方式排列形成的集合"，是数字档案信息资源库建设的主体。数字档案全文主要来自归档电子文件和传统载体档案的数字化，一般通过与目录数据库挂接的方式进行管理。随着信息技术和检索技术的发展，可直接对数字档案信息进行管理。档案全文数据库能够对数字档案进行信息组织、信息存储和信息服务，保障数字档案信息资源的安全和长期存取；对于数字档案全文数据还要与元数据保持联系，以确保数字档案的真实、完整、可靠。

3. 多媒体档案数据库

数字档案信息资源除了以文本形式存在的数字档案外，还有大量的非文本形式的数字档案，如照片档案、音频档案、视频档案等，这些数字档案存储容量大，管理技术要求高，需要专门的技术和设备进行整理、分类、保管，为此需要建立多媒体档案数据库。多媒体档案具有内容的真实性、形式的生动性、传播的便捷性、利用的大众性等特点，有利于优化馆藏档案资源结构，有利于档案信息的广泛传播，有利于推进档案利用的社会化，有利于增强全民的档案意识，多媒体档案数据库将成为数字档案信息资源建设的一大亮点。

4. 元数据库

元数据记录了数字档案的特征及其变化情况，是反映数字档案的内容、结构、背景的信息，有助于数字档案馆对数字档案信息的组织、检索和维护，有助于数字档案信息安全的有效控制，有助于异构数字档案信息的整合。因此，保存数字档案元数据是保证数字档案可靠和可用的一项重要措施。元数据库的建立应根据《文书类电子文件元数据方案》《电子文件元数据标准》等标准规范进行详细描述和标引著录，通过对电子文件或数字档案的背景、结构和管理过程信息进行自动生成和适当人工添加方式而形成。

（三）数字档案馆种群档案资源的链接与整合

数字档案馆种群档案资源建设依赖于数字档案馆个体档案资源的建设，加强数字档案馆个体数字档案信息资源库建设，有利于数字档案馆种群档案信息资源的集成利用，实现数字档案信息资源的共建共享。数字档案馆种群档案资源建设主要有以下两种途径。

1. 链接数字档案信息资源

通过网络技术，对一定区域内的数字档案馆个体数字档案信息资源库进行链接，"形成一个跨平台、跨数据库、跨系统、跨内容、可共享的档案信息资源体系"。链接区域范围可以是一个行业（如高校数字档案馆）、一个行政区域（如上海地区、北京地区等），也可以是整个国家。从本质上讲，这种档案信息资源链接方式，不改变数字档案信息资源的所有权和保管场所，档案资源依然分散保管在数字档案馆个体数据库中。

2. 组建数字档案信息资源总库

利用信息技术，对数字档案馆个体所拥有的数字档案信息资源进行集成与整合，建立区域性数字档案信息资源总库（如上海数字档案信息资源总库）或国家数字档案信息资源总库。从本质上讲，这是对区域内数字档案信息资源集中管理的一种方式。

(四) 数字档案信息资源的开发利用

数字档案信息资源的开发与利用是数字档案馆生态系统中最为活跃的生态因子，是数字档案馆输出档案信息、提供档案信息服务、发挥档案信息价值、产生档案社会影响力的关键。

1. 数字档案信息资源的开发

档案信息资源开发"是档案部门根据社会需要采用专业方法和现代化技术，发掘、采集、加工、存储、传输所收藏档案中的有用信息，方便利用者利用，以实现档案的价值和作用"。数字档案信息资源开发实质上是发掘数字档案信息资源中蕴藏的有现实利用价值的档案资源，为用户提供相应的服务，以满足用户的现实需求，实现档案价值。数字档案信息资源的开发工作主要应从以下几方面入手。

一是充分认识开发数字档案信息资源的重要性，克服"重藏轻用"的观念，改变长期以来档案部门"等客上门""你查我调"的被动服务状态，充分利用现代化技术设备，创新数字档案信息资源开发服务方式，使数字档案信息资源开发呈现出新的态势，即开发对象数字化、开发工具信息化、开发主体多元化、开发过程科学化、开发目的多样化，充分发挥数字档案信息资源的优势，激活数字档案信息资源的价值，发挥数字档案信息资源的潜能，满足民众的档案信息需求。

二是数字档案馆可利用数字化、网络化环境，加强同政府部门、新闻媒体、数字图书馆、数字博物馆等机构的合作，共同开发和共享数字信息资源，扩大数字档案信息资源的开发范围，提高数字档案信息资源的开发质量。

三是在认真分析研究社会需求的基础上，有针对性、有目的地开发数字档案信息资源，满足不同民众的社会需求。加强数字档案信息资源的编研工作，借助现代信息技术特别是多媒体技术的优势，编制高质量的、多类型的、生动直观的、易于展示和传播的档案编研成果。

2. 数字档案信息资源的利用

数字档案馆档案信息利用需要遵守利用规则，合法利用数字档案信息资源。档案信息网上提供利用，要根据数字档案不同网络的传播范围、用户范围、使用方式等进行处理。对涉及国家秘密、知识产权或个人隐私及其他敏感信息的档案利用，应当按照国家法律法规要求，进行划控处理。涉密信息只能在涉密网发布；内部信息只能在内网（包括政务网和档案馆局域网等）使用；开放信息可以在公众网发布。数字档案信息资源利用服务的内容主要包括以下几个方面。

一是馆藏档案信息资源数据库查询利用服务。数字档案馆丰富的数字档案信息资源存储在各种类型的数据库中，如档案目录数据库、档案全文数据库、多媒体档案数据库、特色馆藏档案数据库、专题档案数据库、档案编研成果数据库等，用户可通过网络终端设备查询数字档案馆提供的各种数字档案信息，这是数字档案馆最基本的利用服务方式。

二是网络档案信息资源检索利用服务。数字档案馆通过搜索引擎，对网上档案信息资源进行搜索，通过建立索引与动态链接，为用户提供查询服务，满足用户对异地档案信息资源的利用需求。

三是咨询互动性服务。数字档案馆需不断创新利用服务方式，采用实时互动形式，及时获取用户的利用需求、咨询信息和反馈信息，解答用户在利用过程中的各种问题。

四是个性化服务。数字档案馆个性化服务是指"数字档案馆利用计算机网络、人工智能等诸多信息技术，获取并分析各个用户的背景、习惯、偏好和要求，从而为不同用户提供充分满足其个体信息需要的一种集成性服务。包括服务时空个性化、服务方式个性化、服务内容个性化"。数字档案馆要树立"以人为本"的服务理念，创新利用服务方式，借助信息技术和网络技术，构建个性化利用服务平台，建立不同形式的个性化利用服务项目，根据用户的个性化需求，有针对性地开展信息推送服务、智能检索服务和信息管理服务等。

五是大众传媒服务。数字档案馆要加快数字档案信息资源的开发，围绕政府决策、中心工作、大众需求、社会热点等主题，编制（研）专题档案、特色档案、多媒体档案，通过大众媒介（如报刊、图书、展览、网站、广播电视、移动通信等）进行多途径、多形式、多层次、大范围地传播，深化数字档案信息资源利用服务方式，提高传播效率，增强利用服务效果，实现数字档案信息资源的最大共享。

第三节　数字档案馆信息资源的协调与竞争

数字档案馆作为整个信息生态系统的重要一员，必然与其他信息服务机构有着天然的内在联系。信息服务机构作为具有信息需求且参与信息活动的社会组织，是信息人的一种重要类型，在信息生态环境中占据着重要的位置，其生存、活动和发展极大地影响着其他信息人及信息生态环境的发展。处于整个信息生态系统之中的数字档案馆信息资源建设不是孤立的，需要同其他信息服务机构（如数字图书馆、数字博物馆、大众媒体等）建立联系，这种联系主要表现在协调与竞争两个方面。

一、协调

数字档案信息资源建设是一项跨部门、跨行业、跨地区的长期的系统工程，数字档案信息之间有着复杂的、多维的联系，有关同一主题、同一事件的档案信息可能分布在不同单位、不同载体、不同形式的档案之中。因此，数字档案馆资源建设需要总体把握、多方配合、通力合作，做好协调工作，避免数字档案信息资源收集不全、保管分散、管理混乱等。

（一）档案信息资源之间的协调

我国国家档案信息资源浩如烟海，由于传统观念的局限和档案收集工作手段的落后，致使馆藏档案信息资源结构不合理，制约着档案馆功能的发挥。因此，数字档案馆应加快数字档案信息资源建设，协调处理好各种档案信息资源之间的关系，加大数字档案信息资源收集力度，丰富馆藏内容，优化馆藏结构。

1. 传统档案信息资源与数字档案信息资源

数字档案信息记录形式多样，存储密度高，信息加工处理速度快，网络传输方便快捷，有利于档案信息资源的整合与集成，有利于档案信息资源的开发利用，有利于档案信息资源的共建共享，有利于充分发挥档案信息资源的价值。目前，纸质档案是档案馆馆藏的主体，传统载体档案要想借助现代信息技术和网络技术，实现档案信息的高速流动和资源共享，就必须转换成数字形式，将传统载体档案的模拟信息向数字信息转变。数字档案馆在保存传统载体档案的同时，按照特殊载体档案优先、珍贵档案优先、高危档案优先、利用率高档案优先、共享性强档案优先的原则，加快对传统载体档案数字化；加大电子档案收集力度，从源头上保证有价值的数字档案信息资源及时进馆；通过网络，有针对性地采集、捕获所需的数字档案信息，丰富馆藏资源。对于一些重要的、珍贵的民生档案、个人档案，收集原件困难时，可采用数字化形式收集。

2. 宏观档案信息资源与微观档案信息资源

目前，馆藏档案中宏观的、政策性的红头文件档案多；而微观的、反映具体工作过程的档案资源少，如学生档案主要收集学籍表、个人自传、入党（团）材料、奖惩材料、毕业生登记表等档案材料；对学生的学习过程、生活情况、社会活动、诚信等微观状态缺少记录，长此以往，一个时代的学生成长历程、学习生活的真实状况便难以全面反映。因此，档案馆应有针对性地加强微观档案信息的收集，力争能够全面记录和再现社会整体活动轨迹。

3. 机关组织档案信息资源与民间档案信息资源

馆藏档案主要来源于立档单位，大多是反映党政机关、组织机构的活动；对民间档案信息、个人档案信息较少收集。其实，大量的档案信息资源散落在民间，老百姓手中不乏许多重要的社会、家庭历史档案和活动记录，因没有合格的保管条件和规范的保管制度，损毁丢失现象严重。

4. 一般档案信息资源与特色档案信息资源

数字档案馆在加强对立档单位档案收集的同时，要有针对性地加强特色档案信息资源建设，注重对具有地方特色、文化特色、时代特色、民族特色、专业特色等档案信息资源的收集、征集、采集和捕获，积累并建立特色档案信息资源库，形成特色馆藏，优化馆藏结构。应从资源建设、特色培育工作的长远角度来谋划、搭建和延伸档案征集平台，采取多体制、多载体的平台模式征集档案。一是以数字化档案馆为基础，充分依托数字网络平台培育特色数字档案。二是以开发档案文化为载体，充分依托档案文化展示载体征集特色档案。三是以馆际资源共享为目的，充分依托馆际合作和交流的契机，以馆际互赠、数据共享等方式，增强和突显各自馆藏特色，较大限度地满足馆藏特色的不足。

（二）数字档案馆与其他信息机构信息资源之间的协调

数字档案馆与其他信息机构由于工作职能上的不同，在信息资源的拥有上存在明显差异，不具重复性，需要双方或多方协调处理，实现数字信息资源的共享或信息资源的集成化服务。

数字档案馆馆藏资源主体是数字档案，其本质属性是历史活动的真实记录，具有凭证价值和参考价值。数字图书馆保存的是图书、期刊、资料，是一种知识类信息，具有知识参考价值。数字博物馆具有收藏、记录、研究、交流和宣传等基本功能，保存的是自然世界和人类社会文化遗产的实物，其所记录的历史事实的内容信息往往是不清晰的、不确定的。大众媒体（如报纸、广播、电视、网络、移动通信等）的信息来源广泛，时效性强，更新速度快，大多是新闻类信息。由此可见，数字档案馆同其他信息机构功能不同，保存的信息资源特点不同，各有所长，互补性强。因此，数字档案馆同其他信息机构表现为一种协作性和共生性，彼此需要加强交流与合作，互惠互利，产生双赢或多赢的效果。

在传统载体时代，信息流动速度慢，协作难度大，档案馆、图书馆、博物馆、大众媒体职能不同，彼此之间较少联系，交流合作少。在数字时代，信息流动速度加快，信息交流便捷，信息传播方便，数字信息以其"积极""动态""便捷"的特性，改变着长期以来信息的传播、利用和管理方式，有利于建立数字信息资源共建共享体系，推动整个社会信息化进程的加快。社会信息化，它不是一两个部门和地区的信息化，而是全社会的信息化。数字档案馆数字信息资源建设，将有助于推动档案工作领域的信息化，进而加快行业和地区的信息化进程，与其他信息资源建设一道共同推动社会信息化进程。同时，在信息社会，人们的信息需求日趋多样化，对信息内容的要求越来越高。为此，数字档案馆需要充分利用现代信息技术的优势，加强与数字图书馆、数字博物馆、传媒机构等信息机构协调合作、互通有无、取长补短，相互借鉴建设经验，集成多方信息资源，实现馆藏数字信息资源的互补与共享，为用户提供优质的、专业化的信息服务。

二、竞争

竞争是普遍存在于自然和人类社会中的一种现象。竞争是具有某种共同需要的双方或多方在一定的环境条件下，为了达到各自的既定目标，按照一定的规则，采用相应的手段，在一定的时空范围内进行角逐和较量的过程。信息社会中信息资源的竞争也是必不可少的。数字档案馆同其他信息机构一样，都在信息生态系统中扮演着信息管理者和传递者的角色，它们的基本职能都是对信息进行收集、加工、保存，为社会提供信息服务。这些信息机构尽管在信息资源管理方面有着明确的分工，但是，随着社会活动联系日益紧密，部分新生信息具有多重属性。信息机构社会职能日益扩大，使得信息收集范围存在一定程度的交叉性。同时，用户信息需求的层次日趋广泛、内容日趋复杂。为了满足用户的信息需求，吸引尽可能多的用户，提升信息机构的社会地位，获得社会广泛认同和良好信誉，信息机构（数字档案馆、数字图书馆、数字博物馆、大众媒体等）之间的竞争是不可避免的。信息机构"围绕信息、信息技术、信息人才、信息时空等信息资源开展竞争。对于信息生产者和信息传递者来说，信息用户至关重要"。

数字档案馆同其他信息机构在信息资源建设方面的竞争主要表现在以下几个方面。

（一）信息资源的独占性

"信息资源的独占优势可以使信息人垄断信息资源，从而获得较大的利益"，信息机构在信息共享的同时，都希望独占部分特有的信息资源，特别是珍贵的、稀缺的信息资源。例如，有些重要的高龄档案，既是历史的原始记录，又有突出的历史文化作用，可以看作是文物。因此，这些档案资源就会成为数字档案馆与数字博物馆之间竞争的对象，双方都希望占有这些资源，以扩大影响力，提高知名度。

（二）信息资源的权威性

在信息社会，信息量巨大，信息机构占有使人信服的、有影响的信息资源，能够提供权威的信息，将会在信息资源竞争中占得先机。数字档案馆保存着历史真实记录的档案信息，其信息资源具有凭证作用，在还原历史真相方面社会认同度高，同图书情报资料等信息相比更具有权威性。

（三）信息资源的时效性

信息资源的时间优势表现在第一时间能为用户提供信息服务，在时间上具有优先权。数字档案馆保存的档案是"非现行"文件,信息具有滞后性,为现实服务时效性较弱,不具有时间上的优势;而大众媒体往往能在第一时间报道新闻事件、重大事件、突发事件和新生事物,能及时提供各种最新动态信息,广泛吸引信息消费者。

(四) 信息资源的丰裕性

一定数量有用的信息资源是信息机构的内在优势所在,也是信息机构规模和实力的象征。信息生态系统中的各种信息机构总是希望拥有更多的、有价值的信息资源,尽可能多地为用户提供各种信息服务,从而吸引用户,拥有更多的信息消费者。信息资源的质量已经变得越来越重要,甚至超过了价格的地位。如人们愿意支付较高费用到电影院观赏电影;读者愿意缴纳更高的服务费去大型的图书馆,享受优质服务。信息资源的质量已经成为竞争成败的主要因素。

资源竞争一定程度上能够激发网络信息生态链中信息生态主体的创造性;合理的资源竞争能够提高网络信息资源的利用率,但过度的资源竞争也可能导致网络信息资源的浪费,进而影响网络信息生态链中网络信息的正常流转。目前,数字档案馆同其他信息机构在信息资源建设中,一方面加强协调,开展合作,实现信息资源的合理布局和信息资源的共享;另一方面,展开竞争,从而获得更多的、有用的、优质的信息资源,提升信息机构的生态位。它们之间的协调是主要方面,竞争是次要方面,而且是一种柔和的、协同的竞争。

竞争与协调既有对立的一面,又有统一的一面。善于协调者,才是善于竞争者。数字档案馆数字档案资源建设必须根据自身的功能定位和环境的变化适时调整档案资源结构,协调各种档案信息资源,促进数字档案信息资源的合理配置和有效利用,提升数字档案馆协同竞争能力,进而促进数字档案馆生态系统的良性运行与健康发展。

参考文献

[1]陈新红,孙雅欣.科学基金项目档案管理调查研究以科技信息资源管理为视角[M].北京:知识产权出版社,2018.

[2]李光铣.兰台刍论[M].南昌:江西高校出版社,2018.

[3]陈三保.新形势下图书馆服务与创新[M].昆明:云南科技出版社,2018.

[4]王灿荣.现代档案管理及其信息化建设研究[M].北京:中国书籍出版社,2017.

[5]郑利达.新时期企业档案管理与创新初探[M].长春:吉林人民出版社,2017.

[6]胡元潮,郑金月,彭移风.档案管理理论与实践浙江省基层档案工作者论文集 2017[M].杭州:浙江工商大学出版社,2017.

[7]曾玲芳,陈玲,张莹.会计信息化实务财务链篇[M].沈阳:东北财经大学出版社,2017.

[8]周苏,王硕苹.大数据时代管理信息系统[M].北京:中国铁道出版社,2017.

[9]马利华.图书馆信息管理与服务研究[M].延吉:延边大学出版社,2019.

[10]李静,乔菊英,江秋菊.现代图书馆管理体系与服务研究[M].长春:吉林人民出版社,2019.

[11]朱春巧.信息化时代下高校档案管理创新研究[M].长春:东北师范大学出版社,2018.

[12]金波.档案学导论[M].上海:上海大学出版社,2018.

[13]莫求,杨佐志.档案管理工作的实践、探索与研究[M].长春:东北师范大学出版社,2018.

[14]汤涛.上海高校档案工作理论与实践[M].上海:上海三联书店,2018.

[15]杨学锋.现代化档案管理与服务研究[M].北京:中国商务出版社,2018.

[16]张鑫.现代档案管理实例分析[M].北京:科学技术文献出版社,2018.

[17]姜永生.信息化教学概论[M].北京:中国铁道出版社,2018.

[18]王世吉,唐宁,周雷.现代档案管理理论与实践[M].延吉:延边大学出版社,2018.

[19]张凤丽,胡雪飞,孙娜."互联网+"背景下档案信息建设的新发展[M].长春:吉林大学出版社,2020.

[20]李小贞,宋丽斌,赵毅.现代馆藏管理与资源建设[M].长春:吉林人民出版社,2020.

[21]韩春辉.档案管理现代化与服务创新研究[M].哈尔滨:哈尔滨地图出版社,2020.

[22]许艳.现代信息化图书馆建设与档案管理[M].咸阳:西北农林科技大学出版社,2019.

[23]杨阳.高校档案管理信息化建设[M].长春:吉林文史出版社,2019.

[24]范杰,魏相君,敖青泉.信息化视角下高校教学档案的建设与管理[M].长春:东北师范大学出版社,2019.

[25]许秀.高校档案管理与信息化建设研究[M].哈尔滨:哈尔滨工业大学出版社,2019.

[26]张蓉.现代管理科学方法在档案工作中的应用实践[M].南昌:江西科学技术出版社,2019.

[27]陈超.档案工作的美学研究[M].延吉:延边大学出版社,2019.

[28]时强.大型煤炭企业财务管控信息化研究[M].天津:天津科学技术出版社,2019.